JN418036

달에게로 간 타이어

2023. 시와사람시학회 동인지

시목 제8집

시와사람

국립중앙도서관 출판시도서목록(CIP)

이 도서의 국립중앙도서관 출판예정도서목록(CIP)은 서지정보유통지원시스템 홈페이지(http://seoji.nl.go.kr)와 국가자료종합목록 구축시스템(http://kolis-net.nl.go.kr)에서 이용하실 수 있습니다.

고독을 짊어지고 고독의 강을 건너는 그대에게

전 숙
(시와사람시학회 회장)

시인은 외로운 존재다. 그래서 고독에게 진심을 다해 말을 건넨다. 자아와 세계에 나목으로 스며들고 번짐으로써 눈물로 정화되고 상처의 치료제가 된다. 그런 까닭으로 존 폭스는 "아무도 우리에게 말을 걸지 않을 때 시는 말을 건넨다. 시는 무기력한 삶에 생기를 불어 넣는다. 시가 주는 감동은 고통스러운 감정을 붙들어 이를 탐색하고 변화시킨다. 우리가 자신의 시에 감동하거나 타인의 시에 감동하는 바로 그 순간이 치료제로서의 시의 본질이다." 라고 하였을 것이다.

폭발하는 여름날 땀샘에서 피는 꽃이 있다. 삼복더위의 한복판에서 샘물처럼 솟아나는 꽃망울을 본다. 나무는 홑적삼이 핏물로 범벅이 되도록 온몸에 꽂히는 화살촉 같은 햇살을 반죽해서 꽃을 피운다. 아스콘마저 흘러내리는 도로공사장에 맨발로 서서 수신호를 하는 청년을 본다. 번득이는 생의 열기를 꽃으로 환생시키고 있다. 생살이 터지고 선혈이 낭자한 나무에게서 청년의 고독을 읽는다. 힘들수록 더 정교해지는 생의 문양에서 노동의 향기가 스며

나온다.

시가 타오른다. 시에서 이는 불꽃과 타는 꽃의 냄새, 눈은 안개를 다독이고 혀는 고독한 상처를 더듬는다. 아른거리고 잡을 수 없는 적막과 막막의 행간, 거기, 셀 수 없는 서정의 심장이 타고 있어 불이 된 시편들이 횃불로 서서 한 걸음 한 걸음 건너가고 있다. 언젠가 도착할 시의 영토까지 지글지글 끓는 고독으로 흘러가고 있다.

그래, 그렇게 고독을 고독에게 기댈 때 시인은 일어서는 힘이 생기는 것이다.

시가 몸을 열고 고독을 받아주는 것이다.

시인만이 고독에 의해 정화된다

고독이 시인의 심장을 얼마나 차갑게 얼릴 수 있는지

고독이 시인의 심장을 얼마나 뜨겁게 끓어오르게 할 수 있는지

고독을 지고 고독의 강을 건너본 시인만이 알아들을 수 있을 것이다.

고비사막의 모래언덕에 앉아 은하수를 올려다보다가 지구를 향해 거침없이 쏟아지는 별빛소낙비에 가슴이 후줄근해지면 고독과 하나가 되는 경험을 한다. 하이데거는 '시인은 존재를 수용하는 통로'라고 하였다. 시는 종횡무진한 우주의 별빛으로 빛나며 주체, 즉 고독이라는 존재를 수용하는 고독의 집이 된다. 자아를 초월해서 모든 존재를 시의 용광로에 녹이고 졸여서 새로운 고독을 창조한다. 스스로 눈을 뜨는 고독을 바람과 무지개와 달과 구름과 별로 승화시켜 외로움에게 말을 건넨다. 헤르만 헤세는 "무엇보다

시는 시인 그 자신에게 말을 건넨다. 그것은 그의 울부짖음, 그의 절규, 그의 꿈, 그의 미소, 그의 내지르는 주먹이다."라고 하였다.

시는 마음으로 고독의 형상을 짓는다. 그러므로 서정의 발원지는 마음이다. 귀착지도 마음이다. 마음에서 시작해서 마음을 건너 마음으로 스며든다. 시를 쓸 때 시인은 발원지의 물처럼 순수해진다. 고독은 가장 순수한 언어의 태반이다. 배롱나무는 열사의 태양을 꽃으로 읽는다. 고독을 지고 고독을 끙끙 앓고서야 고독의 언어가 들린다. 고독의 바다에 둥둥 떠다니는 시의 꽃송이들…

목백일홍의 언어를 점자처럼 더듬으며 나는 아직 시의 청맹과니임을 고백한다.

2023년 단풍의 계절, 어느 밤에

| 초대시 |

봄날의 각성

강경호

봄날 우리집 정원에
앵두가 빨갛게 잘 익어 따먹으려는데
어디선가 산적 같은 검은새 두 마리 날아와
기름집에 불난 것처럼 지르는 괴성이
내 뒤통수를 관통한다
내가 심은 나무인데
무슨 관섭이냐 싫어 쫓아버려도
갈수록 시끄럽게 위협한다
며칠 째 검은새와 소란을 피우다가
생각해보니, 앵두는 내게 심심풀이 간식이지만
새에게는 밥이었다
간식과 밥에 대해 생각하다가
밥을 위해 인간과 벌이는 검은새의 사투가
마치 해고된 늙은 청소부 아줌마들의 시위 같아
고약한 사장처럼 앵두나무에서 한 발 뺐는데
다시 생각해보니
내가 심은 나무라도 나의 것이 아니라는
결론에 이르게 되었다.

카렌다 앞에서

행간에 켜켜이 시간이 깃든
마지막 장을 찢으며
지난 한 해의 잔고를 계산하는가

이러한 연년을 수십 번 반복하면서
은행잎도 모두 진 지 오래인
지나온 시간 속에 만난 사람들을 생각한다

함께 치킨을 시켜놓고 아이들과
환하게 웃었던 저녁이 언제였던가
우리 내외만 남아 밤처럼 외로움도 깊어가고,
창밖에는 소복하게 눈이 내린다

때로는 상처를 주고
때로는 주체할 수 없는 기쁨을 주었던
시간들이 지나가는데
새 카렌다 벽에 걸어놓고
또다시 낯설게 만나게 될 시간들에서
삶이 어떻게 완성되는지를 생각한다.

적막

케롤송도 들리지 않고
찬송가 소리도 멎은 크리스마스
고요한 밤 거룩한 밤 거리는 적막하다
이따금 앰뷸런스 소리 들리고
술 취한 사람 몇 몇 마스크를 쓴 채 휘청거리는 밤
방송에서는 백신이 개발되었다는 소식을 전하지만
아직은 황금도 유황도 몰약도 세상 어디에도 없어
오늘도 수천 명이 죽었다는 비보
대학병원 앞에 서서 불안하게 반짝이는
크리스마스 트리의 불빛을 바라본다
동방박사들이 아기 예수의 탄생을 알리며,
하늘의 별을 바라보며 예루살렘을 향하였다는
그날 밤처럼 하늘을 바라보지만
잔뜩 구름 낀 하늘엔 별이 보이지 않고
고요한 교회들은
무거운 공기속에 싸여 먹물처럼 서 있다.

강경호 | 1997년 《현대시학》으로 등단/1996년 계간 《시와사람》을 창간하였으며, 시집 『함부로 성호를 긋다』 『휘파람을 부는 개』 『잘못 든 새가 길을 낸다』 외, 문학평론집 및 연구서 『휴머니즘 구현의 미학』 『최석두 시연구』 외, 미술평론집 『영혼과 형식』 『미술과 문학의 만남』 『미술의 상상력을 통한 시적 발화』 등/현재 《시와사람》 발행인.

| 초대시 |

이모는 사막에서 온 鹽夫

정 윤 천

어떤 시의 제목은 사막으로부터 온 것
더러는 사막에서부터 온 것

사람들은 일생 동안 염전에는 거의 안 가고
염전이 들려주는 사막의 이야기에만 주목을 한다

코를 풀기도 한다
콧물에 섞여 나오는 사막의 버릇들을 휴지로 훔쳐내면서

이모네 밥상의 이모는
사막에서 온 염부

이모는 모래와 소금의 맛을 동시에 수렴하여
손금에 지니고 산다

찬장의 유리병에 담겨있는 하얀 모래와의 동거는
물론 시 때문이다

그러므로 이모 역시 사막에서 떠나온 염부

어떤 시의 제목은 모래처럼 불어와
기름과 소금을 발라 밥상을 내오는 이모처럼
미지(未知)를 하얗게, 제 표정으로 덮어 주었다.

해남에서 찌개를 보았다

겨울 해남의 찌개에는 목에 칼을 쓰고 구절양장을 건너온 눈발 같은 게 배어있었는지 뒷배도 없이 내쳐진 운 없는 벼슬아치와 영문도 모르고 함께 딸려가 매 맞은 이의 한숨 소리 같은 게 끓고 있었다

해남에서 찌개를 보았다 남쪽의 찌개 풍습은 어쩐지 노론이거나 소론만큼이나 내륙과 해안의 맵시가 달랐으므로 해남 찌개 곁으론 미나리 줄기 고명도 흔한 두부 편인들 아직 오지 않고 있었다

찌개꺼리라는 말에는 찌개로나 삼아 주거나 거기에 내쳐버리라는 비하가 배어 있곤 하였다 해남만이 아니라도 남쪽에 비일비재하였으므로 해남 찌개 이 빠진 사발 귀퉁이에선 하늘같은 성상 계시는 대궐이 지금도 멀어 보이고 있었다

반백을 넘긴 해남찌개 주인 여자는 어느 임금인들 부질없노라는 손짓 마냥 냄비 바닥에 불을 들이고 돌아섰는데 흰옷 입고 누운 해남 들판 겨울 속으론 앞에 나선 저녁이 맞춤해 보이는 어둠을 끌고 이내 가까워져 오고 있었다.

너의 세상의 모든 풍문은 모두 다 내가 만든 것이다

이 평원에선 도저히 해독이 불가했던 무시무시한 시 한 편을 턱 앞에 놓고 생머리를 앓다가 눈알이 붉게 충혈 되어 버렸다

온몸에 비늘이 돋기 시작하더니 머리칼이 한 줌씩 빠져 나간다

아침까지 살아남아 있게 될른 지 도무지 알 수 없었다
시의 치열 사이로 빠져 나오던 푸르스름한 맹독의 위세를

나는 이 지독한 시의 제목이 세상에 알려지지 않게 하기 위하여 양가죽처럼 반듯하게 벗겨내어 먼 곳에 나가 태워버리고 돌아왔다.

정윤천 | 1990년 〈무등일보〉 신춘문예 당선. 1991년 《실천문학》 신인으로 작품 활동/시집 『생각만 들어도 따숩던 마을의 이름』, 『흰 길이 떠올랐다』, 『탱자꽃에 비기어 대답하리』, 『구석』, 『발해로 가는 저녁』 시화집 『십만 년의 사랑』. 지리산 문학상 등 수상. 계간 《시와사람》 주간.

시와사람 시학회 시목 2023년 제8호

발간사_ **전 숙** | 고독을 짊어지고 고독의 강을 건너는 그대에게 _5

초대시_ **강경호** | 봄날의 각성 外 _8

초대시_ **정윤천** | 이모는 사막에서 온 鹽夫 外 _11

기획특집 _ 주제시 '물'에 관한 시적 상상력

가 은 물의 시간 - 대왕 돌문어 _22

강나루 바다로 가는 경운기 _24

강대선 물빛 그 여자 _25

고경자 연잎 위를 구르는 물방울들 _27

김귀례 지구야방성대곡 _29

김병준 물국수 _31

김성룡 울림수 _32

김은아 빗물 _33

김은우 인어의 시간 _34

김청수 낙동강 _36

나금복 연꽃을 찾아 _37

박덕희 멜루지나 _39

박판석 물의 촉수 _40

백혜옥 물과 심술 _42

시와사람 시학회
시목 2023년 제8호

변재섭 호수 _43
서승현 물꽃 어머니 _44
손수진 호수 _46
손은주 이상한 물고기야 이끼를 찾아봐 _47
신수진 비 부른 날 _49
오현진 물을 주는 사람들 _52
윤인자 고향집 우물 _53
이경은 수평선에서 몸을 섞다 _55
이동식 내 영혼 물이 되어 _57
이사동 군평선이 술어 _59
이상범 백수해안도로 _60
임 린 커밍 순 - 강물의 시간 _62
임해원 물에 이르다 2 _64
전 숙 상처의 꽃, 제주 암반수 - 4.3 동백꽃잎 2 _66
정선우 빗방울 보고서 _68
정애경 물의 집 _70
정영숙 숲속에는 _72
조경환 단수斷水 _73
조대현 아직도 5월의 강물은 _75
조세핀 샤스 스플린 _77
차행득 불두화 _79

발행인 | 강경호 편집인 | 서승현 편집위원 | 김성룡 김은아 오대교 전숙 조세핀 허문정
광주시 동구 양림로 119번길 21-1 / 전화 (062)224-5319 / http://cafe.daum.net/eyepoemtree

천화선 나의 서사 _80
최은수 파도의 서평 _82
하헌주 물의 추억 - 봄별에게 _84
허문정 물의 분노 _86
홍영숙 수몰지의 표정 _88
박형숙 동시_ 기다려 줄게 _90
진금선 동시_ 웃음비 _91
박미경 수필_ 10대의 나는 어디로 갔을까? _92

회원작품

김은우 열대야 외 _98
서승현 너무 빠르고 더딘 발걸음 외 _103
손수진 홍어 외 _106
전 숙 상처의 기억- 1923, 관동(조선인)대학살, 100년을 기억하며 _108
이사동 물 건너 저편 _117
백혜옥 하루 외 _121
천화선 나타샤를 찾아서 외 _123
오대교 초파일 풍경 외 _126
정영숙 군탁 외 _128
윤인자 포장마차 외 _132

시와사람 시학회 시목 2023년 제8호

허문정 작가의 일생 외 _134
김은아 고사리 부부 외 _136
고경자 만약이라는 말 외 _139
김청수 귀를 씻다 외 _143
김재영 기다림의 힘 외 _146
박판석 유리창 외 _149
이경은 나트랑 소녀 외 _152
정선우 눈사람 외 _155
강대선 헤픈 여자 외 _159
조세핀 침묵 외 _164
김병준 동지 외 _168
조대현 파도의 유희 외 _170
김성룡 활자, 튜닝하다 외 _174
임 린 달에게로 간 타이어 외 _176
변재섭 다랭이마을 외 _180
조경환 어떤 응수 외 _184
차행득 평면으로 사는 일 외 _187
강나루 思春의 거울 외 _191
이상범 꽃잎, 지다 외 _194
박덕희 동안 외 _197

가 은 흰동백 - 홍도에서 너를 보았다 외 _200
김귀례 일찍 단풍이 들었을 뿐이라고 외 _204
최은수 아침이 없는 아침 외 _208
손은주 외눈박이 비늘 외 _211
하헌주 소구령 가는 길 외 _214
홍영숙 무소유 외 _217
정애경 백두산, 칼데라 호 외 _221
신수진 여름에 사라진 것 외 _224
임해원 꽃의 幻 외 _228
나금복 담쟁이의 비밀을 아시나요 외 _230
오현진 깃털의 메커니즘 외 _233
한명희 날고 싶은 나비 외 _236
박형숙 동시_ 세상이 좁아요 외 _240
진금선 동시_ 쳇바퀴 외 _242
이동식 수필_ 중석몰촉中石沒鏃의 정신으로 _245
박미경 수필_ 졸업식 눈물의 의미 _248

시와사람시학회 회원 동정 _251
시와사람시학회 회원 주소록 _255

기획특집 _ 주제시
'물'에 관한 시적 상상력

가 은
강나루
강대선
고경자
김귀례
김병준
김성룡
김은아
김은우
김청수
나금복
박덕희
박판석
백혜옥
변재섭
서승현
손수진
손은주
신수진
오현진
윤인자
이경은
이동식
이사동
이상범
임 린
임해원
전 숙
정선우
정애경
정영숙
조경환
조대현
조세핀
차행득
천화선
최은수
하헌주
허문정
홍영숙
박형숙
진금선
박미경

시와사람

물의 시간
-대왕 돌문어

가은

누나! 겨드랑이에 손 넣지 말아요
내 인생을 통째 훔쳐다 어쩔 건데요

미시적인 바다와 거시적인 하늘
나의 깊이와 누나의 높이는 비례항, 생사의 분기선처럼 흘수선은 생명선이기도 해요

가끔 지상이 궁금해 물목을 기웃거리며 무인도 펄밭을 누빈 적은 있으나 풍랑이 파도의 길잡이가 되는 것을, 누나의 해루질을 비켜 가지 못하면 영영 바다를 잃을 수 있다는 것을 몰랐어요

짙푸른 물의 혀

낚싯바늘에 유혹을 걸어 던지고
통발에 입술을 달아 던지는 사교가 늘비한 뱃전
잠시 휘청거린 마음은 다잡으면 그만인데 누나는 물안경까지 뒤집어쓰고 나타나 어쩌시려고요

우리 가족을 다 데리고 어디로 가십니까?

아무리 뼈대 없는 자손이라고 이러실 건가요

자존심을 판에 깔고 빨판을 놓지 않은 대왕문어

억만 킬로를 유영한 물의 시간
그 옹골찬 단단한 근육을
끈적끈적 고독한 점액의 시간을

누구도 풀지 못할 것이네

나 또한, 소실점 넘어온 물의 암호를 풀 수 없으니 지난 시간을 돌려보고자 하네 백스페이스 백스페이스 백스페이스 1, 2, 3, 4

응축된 시간
칙칙 압력을 넣어보지만 쉽게 풀리지 않네
끝내, 해독 불가능

평생 물이었을 그와 불이었을 나

먼 시간의 비밀을 품은 병기
뭉근한 마음으로 오래오래 다독여야겠네

내가 나를 부르다 지친 밤이네

바다로 가는 경운기

강나루

염산 앞바다엔 배만 다니는 것이 아니다
통통거리며 경운기 몇 대 지나간다
썰물에 드러난 바위섬에 가기 위해
마을 사람들을 싣고
경운기 발자국 찍으며 바다로 간다
꼬막이나 바지락 캐기 위해
돛을 세우고 노를 저어 풍선風船처럼
바위섬 가까이 다가가면
사람들은 호미와 쇠스랑으로 갯펄을 찍는데
한나절 땅을 찍다보면
바닥물에서부터 서서히 밀고 오는 파도소리에
옷 소매 고쳐 올리고
바구니에 가득찬 갯것들 손에 들고
경운기에 오르면
갯펄 범벅된 몸이 무겁지만
그제사 푸른 하늘이 보이고
집으로 가는 길이 가볍다.

물빛 그 여자

강대선

성륜사 들어가는 길
배롱나무 밑을 지나가면서도 나는 보지 못했지
목이 탄 나는
절간 무인 찻집에 들어가
시원한 녹차 한잔 마시고 물이 되었지
물의 마음으로 바라보니
저 불꽃 같은 배롱나무도 물빛
물이 흐르듯
매끄러운 여인의 몸을 하고 세상의 한낮을 견디는 묵언
여인은 선홍으로 드리운 노을이었을까
호수에 드리운 노을처럼
피어난 배롱나무꽃
나는 여인에게
차 한잔 건네고
여인은 나에게
노을 한잔 건네지
성륜사 내려오는 길
주위는 어둑하고 산은 더 적막한데
물빛으로 서 있는 여자
어둠을 제 몸인 듯 끌어안고

하염없이 깊어지지
그림자도 깊어져 어둠조차 묽어지게 하지
불티 같은 별들도
물빛으로 흐르고 있었지

연잎 위를 구르는 물방울들

고경자

동그란 물의 경전이 연잎 위에서 춤을 추고 있다
공중에서 떨어진 물방울들이 모여
세상을 바라보는 하나의 눈이 되었다

손을 내밀었다 주먹을 쥐고 돌아서면
그의 뒷모습 같은 앞 얼굴이 연못에 떠오르고

지난밤 울컥대며 쏟아지는 소리는
까만 어둠 속에서 꽃대가 올라오는 노래였다

허공에서 말 대신 춤을 추는 것은
작은 물방울이 큰 바다를 품었기 때문이다

진흙밭에서든 허공에서든
푸른 연잎들이 시라는 행간을 향해 흔들리고

물방울들이 모여들며 승무의 긴 옷자락이 되어 나풀거리며

파란 하늘을 쳐다보는 민낯의 시간 앞에서
물방울로 모여진 손으로 푸른 말이 영글어간다

나에게 물방울의 춤사위가 있다면
경전을 해석하는 한 개의 눈을 가질 수 있을까 궁리하다 보면
세상은 온통 연잎 위에 물방울 구르는 소리로 가득하다

지구야방성대곡

김귀례

나는 리트머스 시험지

붉은 눈물이 가슴까지 올라와요

플라스틱 섬에서 쓰레기를 먹는
슴새가 스멀스멀 올라와요

칠레농어를 남획하기 위해
차가운 바다 바닥까지 뒤지는
인간의 욕심이 끝없이 올라와요

음악이 청년들의 길을 잃게 한다며
결혼식장에서 악기를 불태우는
탈레반의 광기가 올라와요

공사판은 급류처럼 불안해요
아버지는 미장공 아들은 취부공
둘 다 추락사인 이십 년의 비극에
허울뿐인 근조 리본조차 없어요

잠깐의 폭염을 피하려고 식당에 들어간 라이더에게
손님에게 방해된다고 내쫓는 주인은
연민의 채도가 점점 낮아져요

선전포고 같은 폭우와 아스팔트 열기보다
더 숨막히는 차별이
해수면보다 훨씬 높이 올라와요

붉은 열대야로 번져요

나는 어디까지 버틸 수 있을까요

억수장마 같은 눈물이 전락으로 쏟아져요

물국수

김병준

한 점 한 점 젓가락질
졸깃한 비빔국수는 비집을 틈이 없고
투박한 막국수는 급하고 거칠다
갖은 양념 없이 물에 헹군 국수
물 자字 하나 앞에 붙이면 이렇게 부드럽다
물회, 물미역, 물오징어...

오랜만에 아내와 겸상을 한다
젓가락 부딪히던 옛사랑 건져 올리면
국수 사발에 물꽃이 핀다
물기 마른 딱딱한 삶이 물컹, 하며
응어리도 강물처럼 풀어진다

물국수 한 그릇 비우며
팍팍한 삶에 물이라는 화두 던지고
낮은 물길 찾아 나선다

울림수*

김성룡

가마득한 날 솟아오른 화산섬
성인봉은 하나의 암반 정수기이다
정화가 육화된 사람들의 땅
이 물로 인물이 자라고
울릉도와 명이를 키운다
이곳에 도둑이 있을 리 만무하다
물의 은혜를 모르고
남의 물을 탐내는 자는
물을 건너온 것이 분명하다
물물을 교환한 울림이
독도를 푸르게
푸르게 굽이치는 곳
사철 물이 폭포를 이루어
태평양으로 길을 내는
마르지 않는 젊음의 샘이다

*울릉도 용천수의 이름

빗물

김은아

띵동,
주암댐 물이 고갈 직전
20%가 되지 않는다고 절수 하라는 메시지
가뭄에 단수까지 할 예정이라는 문자
조마조마한 마음으로 가슴 졸이며 살았다

이팝나무가 조금씩 꽃잎을 날리는 날
단비가 내린다
너무 반가운 마음에
옥상에서 내려오는 빗물을
절구통에 큰 대야에 가득 받았다

이 소중한 빗물은
화단과 화분에 뿌려 줄 예정이다
주부들이 김장하고 나면 가슴 뿌듯하듯
왠지 모르게 배가 부른 날이다.

인어의 시간

김은우

여기가 어디일까
한때의 기억들이 휩쓸리며 흘러가요

멈추지 않는 물결 바람 물결 바람
모든 것들이 여기 다 있는데

파도 속으로 사라지는 당신그림자

당신의 부드러운 목소리 달콤한 입술의
움직임을 새기며 외로움에 젖어요

불끈 솟아오르는 물의 근육을 누르며
꼬리지느러미를 흔들며 춤을 춰요

파르르 물비늘 위를 미끄러지듯
춤추는 뒤태가 아름다워 비가 내려요

빗방울의 파문 밖으로 시간이 빠져나가고
빗소리의 리듬에 밀려왔다 밀려가는 것들

사라지는 것들은 모두가 아름다워요

어깨 위에 잠시 머물다 가는
갈매기의 수를 헤아리는 일은

매일 육지를 바라보는 일만큼 허망한 일

물의 심장에 귀 기울이며 하루를 마감하는 시간
날 흔들지 말고 행운을 빌어줘요

우리 다음 생에 다시 만나요

낙동강

김청수

장맛비 하염 없이 내리는 날
나는 강가에 나가 보았다
많은 쓰레기가 황톳물 보자기에 쌓인 채
출렁출렁 강물을 따라가고 있었다

하늘에 구멍이라도 뚫린 듯
물폭탄 쏟아붓고
곳곳에서 차량이 침수되고
인명 피해가 속출하고 있는 시간,

이방인들이 저녁 밥상에 올릴
물고기 낚아 올리며 비명을 지르는데
강물은 그래도 괜찮다고
낙동강이 키워놓은 고기를 자꾸만 내어주고 있었다

끼니 거르지 마라고

연꽃을 찾아

나금복

6월의 피안을 찾아
지프차에 몸을 실은 사람들

풋풋한 나뭇잎은 연잎밥을 차리는지
아제아제 바라아제를 주문하며
쉴 틈 없이 살랑거렸다

선운사 경내에 도착하자
그라데이션을 마친 잿빛 하늘은
그림자를 쏟을 준비를 하고 있었다

대웅전 마당으로 들어서자
고요를 두드리는 빗방울 소리
처미 밑에서 비긋기를 하다 행사장 의자에 앉았다
하얀 연꽃이 되고 싶었을까
우리는 빗소리에 염불 하는 중생이 되어갔다

어느새 그는 한그루의 연꽃을 피우고 있었다
구성지게 피어나는 연꽃 소리에
꽃잎 닫는 내 마음

돌아오는 길
연잎의 물방울 연서를 주고받으며
그가 차려놓은 소담한 연잎밥의 풍미를
오랫동안 씹었다

지프가 마력을 부린 걸까
듬쑥한 그의 얼굴에 부처가 스친다

멜루지나

박덕희

붉게 피어나는 저건 꽃의 노래가 아니라 물의 노래였네
그래었네, 당신은 꽃의 욕망을 노래하였고 나는 물의 노래 간절하였네
물로 만든 드레스를 입을 때 내 피는 자유로이 춤을 추었네

낮과 밤이 엇갈릴 때의 푸른 빛, 더 깊은 푸른 빛은
언제나처럼 검푸른 상심이었네
꽃을 피우다 시들어지는 이파리 같은 것이었네

물기 가득 머금은 저 붉은 물봉선화
물의 노래였네

당신을 사랑했던
붉은 기억의 파편들이었네

물의 노래를 의심하는 당신은 지금
무엇으로 피어나 나를 유혹하려는가

붉게 피어나는 물봉선화
물의 노래가 아니라 꽃의 노래라네

물의 촉수

박판석

물의 촉수를 가진 빈첸시오 도나티 신부
흘러간다
지상의 가장 낮은 곳으로 흘러간다
손발가락 문드러지는
천형(天刑)의 땅 열대 사막
가장 헐벗고 가장 낡고 가장 낮은 곳을
하늘에서 바라보는 예리한 물의 촉수가 있다
오른손에 성경 한 권 왼손에 아코디언 하나
물안경 쓰고 지중해를 건너는 촉수
사는 곳이 고향이고 하늘인
살레시오 신부로 젊음을 바친 하늘의 전령

하느님은 하늘에 계시지 않고 지상에 계신다

모래바람에 흔들리는 나뭇가지
까치집 아이들 곁에서
음계가 솟도록 물관을 닦는 부드러운 노래가 있다

구호물자는 모래벌판에 물 붓는 임시방편

먼 강을 끌어들여 주사기 바늘구멍 같은 고무관으로
나무를 성장시키는 모하비사막 주유소를 보았다
광야의 탱탱하고 척박한 길을
씨 뿌리는 방법으로 터득하고야 만 것이다

백 개의 물줄기인 학교*는
두레박 같은 노(老) 신부의 낙타

물길까지는 얼마나 남았소?
맨발로 터벅터벅 걸어오는 지평선에게 묻자
다 왔소, 얼마 남지 않았소

물길의 촉수를 터득한 그를
사랑이라 불렀다

*수단에 백 개의 학교를 세우는 일을 추진하고 있다 현재는 거의 목표를 달성하고 있다고 한다.

물과 심술

백혜옥

붉은빛에
섞이지 못한
한 가닥 심술이
흘러내려
수증기가 되다가

다시,
물이 되고

호수

변재섭

폭풍우가 몰아치고
흙탕물이 도적같이 쳐들어왔다

며칠 동안 끄응 끙
머리 풀고 누웠다 참빗 들고 빗어 묵자

둥근달 오래오래 얼굴 부비어 건너가고
별꽃은 총총 더 많이 피었다

물꽃 어머니

서승현

포크레인 손목이 주억대며 지나간 자리마다
검붉은 흙탕물 배어 나온다
쇠갈퀴 할퀼 때마다
돌무더기 아래 갇혀서 부글대던
시커먼 덩어리 울컥울컥 올라온다
파헤치고 움켜내는 쇠손가락 사이
핏물과 검은 물 뒤섞이며 벌룸거리더니
비로소 콸콸콸 터져 흐르는 통곡의 변주

어린 생명들 노닐던 물길 막힌 지난 세월
재생의 손길 앞에 썩은 보堡 터트리자
비로소 크게 숨 들이킨다

겨우 추스르는 잔울음의 파장들
진정치 못한 진흙의 입자들
주름 지으며 물살 따라 흘러가는데
연붉은 숨결은 어찌 그리 제 상처 잘 다독이며
아무 일 없었다는 듯 흐르고 또 흐르는지
죽음의 진저리가 저리 쉽게도
생생하게 맑아지고 말끔해지는지

진흙탕물 진정되자
맑은 수심에서 비로소 벙그러지는
둥그런 물꽃 미소
거기 낮달 같은 우리 어머니
환히 웃고 계신다

호수

손수진

부드러운 여자였다
말랑거리는 살결을 가진 여자였다
자기주장이라곤 해본 적 없는 여자였다
바람이 멱살을 잡고 흔들어도
잠시 눈빛만 흔들릴 뿐
다시 고요해지는 그런 여자가
어느 겨울 문을 굳게 걸어 잠그고
쩡쩡 울던 밤이 있었다

그러던 어느 날
쑥새 한 마리 날아와
발뒤꿈치를 콕콕 쪼고
소소리 바람이 생강나무에 입김을 불어 넣고 간 다음 날
여자의 몸에서 젖이 돌기 시작하고
여자가 꽁꽁 싸매었던 치마 속 펼쳐 보이자
거기, 물살 헤치며 헤엄치는
수백 마리 은피라미 떼

이상한 물고기야 이끼를 찾아봐

손은주

별의 별 노래가 들려올 거야
그 동화책 덮지 마

비릿한 코의 생채기 걷어내고
엉겨 붙은 손발 떼고 몸을 밀착시켜 봐

배의 등을 타고 샛강 지나 희고 창백한 물고기 만나면
고개를 까딱 거리며 인사하기
너도 물고기야 소리 질러도 괜찮아

이상한 동화의 주제는 이기심
챕터를 넘겨볼까
플라스틱 물고기, 낚싯대 물고기, 그물 물고기 숨어있어
바닷속에서 숨바꼭질 놀이를 더 잘한대

파도의 옆구리에서 시작된 마른버짐
따개비처럼 숨 쉬는 것들의 배와 등으로 번져가
하얗게 토해놓은 어제의 이물질 빌딩 숲 낮달에 걸렸어

먹이사슬 우르르 무너져 초신성은 기침을 했고

160광년 떨어진 행성에 불똥 튀었어

너럭바위 뒤에 숨은 이끼의 말,
바람의 깃털도 벼랑 끝 바다 붙잡고 아찔한 춤을 출거야

비 부른 날

신수진

잔잔한 노래가 흐르고
나는 병원을 나왔다
밝은 얼굴로
어두컴컴한 로비에서
비가 오는 세상으로 나왔다

말없이 내리는 비
가방 속 우산은 어디에 있을까
축복받고 싶은 날 비를 맞는다고
가방을 든다

비 오는 하늘
흐렸던 마음
칭얼거린 눈물자국
내 잘못같아서
비처럼 울었던 지난 날
비에 씻겨진다
축축히 젖는 줄 모르고

비 맞는 걸 기뻐하며

나는 가방으로
머리를 가리고 웃는다
비를 이해할만큼
상쾌해진다

비 오는데
비는 울지 않는다
다만
비에 비를 더하고 빗줄기가 되고
빗물이 된다 세상의 땀이 되고
피가 된다 흐르는 것은 모두 살아있다고
누군가 말한 것 같다, 강물도 빗물이 없으면
마르고 바다도 수척해진다, 비는 돌고 돌아
머리카락에 흐른다 비는 마셨던 물일 수도
내가 흘려보낸 물줄기일 수도 있다
몸을 타고 흐르던 물이 온세상을 적신다
비로소 물이 된 나를 겪고 있다
문무왕은 유언대로 바다에 잠들어 있다
나도 물에 젖은 세상을 헤엄치고 있다

싱잉 더 레인 더 싱잉 더 레인
노래가 절로 나오는 빗줄기
삶의 리듬이 여기서 조율되는구나
비에는 흥겨움이 있다
나는 비를 부르며 걷는다

천천히, 도망가지 않는다
시간이 흐르면 비에 젖은 몸도
다 말라 흔적도 없겠지

빗소리에 아픔도 묻힌 저녁
비 내리는 장단에 맞춰 부르는 노래
부르고 싶어서 부른 비 오는 날
더위와 먼지로 가득한 세상
흥겹게 젖는다.

물을 주는 사람들

오현진

시력을 잃어가는 19c 화가의 붓 끝에서
나뭇잎이 흔들린다
희끗거리는 잎들은 하늘과 섞이는 나비 떼
뽑히기 전에는 보이지 않는 뿌리
나비 떼
날아가 버린 채로
뽑힌 뿌리도
잃은 채, 그린 나무는 외롭다
사람들 "이게 그림이냐!"며
벽난로 속으로

〈21c〉
길을 가다 부딪는
전봇대는 골목골목에 있는 가로수
물을 주는 사람들로
이글거리는 액자 속 나무가 줄지어 심긴다

고향집 우물

윤인자

옛집 마당 한켠
어린 나는 우물의 깊이가 궁금했다
이상하게도 여름엔 얼음처럼 시원하고
겨울엔 김이 모락모락 올랐다
일 년 중 가장 더운 날 어머니는 열무김치통을
끈에 매달아 우물 속에 담그고
수박과 참외도 우물 속에 담궜다가 먹었다
참으로 속을 알 수 없는 우물 속
전설 속 이야기처럼 신비스러운 우물 속
그 찬물을 두레박으로 길어 올려
땡볕에 물꼬 보러 갔다 오신 아버지
강변에서 소꼴 뜯기다 돌아온 목이 타는 아이들
벌컥벌컥 우물물을 마시면
목을 타고 요래요래 흘러가며
더위와 갈증을 날려버리던 신기한 우물물
세상이 변해 우물 대신
집집마다 수도가 들어와 폐기된
고향집 우물
옛집에 들어서면
시커멓게 입을 벌리고

알 수 없는 깊이에서 물을 길어 올리던 두레박이 떠오르고
그 두레박에 넘쳐 떨어지던 물소리가
착하디 착한 내 그리운 유년을 불러낸다.

수평선에서 몸을 섞다

이경은

물속에 하늘이 있다

하늘이라고 높은 곳에 사는 것은 아니다
자르 바이킹호*를 구름조각처럼 띄어 올린
태평양의 치맛속에 하늘이 있다

물이라고 낮은 곳만 흐르는 것은 아니다
하늘이 삼복의 여름을 삶아 낼 때
물은 이슬이 되어 구름이 되어 하늘로 오른다

어느 날은 하늘이
코발트빛 깃을 세우고
양떼꽃을 피워 올리고
별들을 쏟아내 때
물은 바다 위에서 강물속에서
어머니 장독에서도 노래소리를 찰랑거린다

그러다가 하늘이
집채만한 어둠속에서 천둥과 벼락을 끓이며 장대비로 뒤척일 때
바닷물은 바닷물대로 호수는 호수대로 강물은 강물대로 하늘을

받아들인다

물과 하늘은 수평선에서 몸을 섞는다
시인이 뛰어든 한강물도
수옥언니가 쳐둔 그물이 있는 고흥 바닷물도
흐르고 흘러 수평선에서 만난다

물과 하늘은 한집에서 산다.

*65만톤의 세계에서 가장 큰 배

내 영혼 물이 되어

이동식

비가 내린다.
주룩 주룩 소리를 내며
은목수 향기를
향수 처럼 온 땅에 가득 뿌리며
가을 비가 내린다.

오솔 길에도
기왓장 끝 처마 밑에도
마당 곁 작은 웅덩이에도
가을 바람따라
하늘의 눈물이 내린다.

엷은 코스모스 잎사귀는
빗물에 젖어 팔랑거리고
붉게 멍든 대추는
온 몸 흔들며 아파하는 듯하고
석류 열매 끝에는 보석 같은 물방울이
크게 열려 반짝인다.

무덥고 답답했던 여름

바깥세상 구경도 못하던
그 웅덩이 안으로
친구처럼 찾아와
가득한 사랑으로 채운다.

웅덩이 안
고인물의 간절했던 바램처럼
어느 새
하염없는 저수지를 채우고
베풀고 나누는 듯 넘쳐흐른다.

흐르는 빗물의 행진에 끼여
슬쩍 합류된 영혼을 이끌어
나도 덩달아
어디론가 자유롭게
여행을 떠난다.

군평선이 술어

이사동

돌고래 다방 테트라포드에서 그녀는 내 눈매에 두 닢 은비늘을 붙여주었지

얼레빗과 참빗 젖가슴에 넣고 다니며 물결 빗질하는 평선이

지느러미로 수중 비경을 수 놓아 내 옆구리에 찔러준 평선이

갈비뼈는 참나무 등걸 같지만 속살 입술에 대면 풍금을 치고 싶은 평선이

갈색 줄무늬 치마 입고 살랑거리는 궁둥이가 어안에 명자꽃 피게 하는 것 같아 샛서방이 되고 싶은 평선이

해당화 배꼽 보이는데 물 너머로 편지 묶어 보낸 순정은 돌아오지 않고 입술 시샘하는 포말

모자반 군락에 세든 그녀의 옥탑방

결국 눈이 맞아서 낚시꾼에게 방문 열쇠를 준 평선이

저녁 물때는 내 눈매에 은비늘 떼려고 눈썹참갯지렁이 허리 펴듯 배 밀어왔지

백수해안도로

이상범

마음에 박힌,
낭창낭창한 해안선 따라
탈피를 끝내고 돌아가는 노을 속
살가운 바람이 통음(通音)를 묻는
아리는 이름 하나

물들어 간다는 건
한두릅 짭조름한 굴비를 엮는
녹진한 한 생이 저무는 일일까
너에게 스민 추억이
늙어가고 있다

나무를 키우던 종달새 무리
굽은 잔등을 넘고
가난한 심장을 뛰게 했던
헤진 소녀의 주름이
그물에 걸리는데
가장자리에서
기우뚱 거렸을 것 같은
청청한 젊은 날 닻 속에 갇혔다

방점을 찍지 못한
포말에 어리는 연모의 상흔들
붉은 수평선 위로
남방긴수염고래가
날아오르고 있었다.

커밍 순
- 강물의 시간

임린

내 모습은 등 뒤에 있어요
벌레 끼리 궁수에 찔려
이제 뭍으로 나왔잖아요
명사 모르는 나는 무엇이 두렵고 서러운지
시간은 여물어도 사는 건 궁금해져요
이따금씩 서창 들녘을 나가보죠
그럴 때마다 후한 인심이 보고 싶어요
세곡 창고를 두어
기원 깊었을 극락사 인경 소리
풍문만 남고 서창 나루 자취는 묘연하니
목탁 치던 극락사
그 스님은 어느 절 대청에서 시간을 지을까요
삼독을 벗어나기는 불타도 어려운가요
수변엔 바람이 억새들과 말을 거네요
알 수 없는 수신호가 찰랑거려요
나는 귀 달린 물이에요
귀걸이를 굴리며
어디론가 흘러가죠
궁금한 나루의

흩어져 버린 뼛조각
손가락이 서쪽을 가리킬 뿐
나루의 손이 샛강을 놓쳐 버렸듯이
저 젖줄의 오랜 나를 붙잡을 수 없고
나무가 제 잎을 떨궈 보내며
사랑은 늘 그렇게 그렇게 비우며
강물로 흐르나요

물에 이르다 2

임해원

낮고 차가운 깊이에서 성자의 눈이 된
물방울 하나에 하늘이
물방울 하나에 바윗돌이
푸른 절벽으로
스스로를 지키려 멈추어 선 섬이 될 때까지
길은 물이고
몸은 파도였지
지워버린 모딜리아니의 눈동자처럼
물이 둥근 것은 둥글게 둥글게 스미려고
가슴이 물결인 것은 숨 쉬는 눈물로 흐르려고
더는 망설이지 마
저기 허공을 걷는 새의 길
무지개도 없어라
날개야 돋아라
날자, 날자, 날자, 한 번만 더 날아보자꾸나 *
물을 열어 보자꾸나

낭자하게 흩어지던 해란초 하늘로 뛰어올라
어린 딸 젖멍울만한 씨방으로 여무는데
그날

나는 바다를 엎질렀다
캄캄한 바다의 눈물을

*이상의 「날개」에서

상처의 꽃, 제주 암반수
- 4.3 동백꽃잎 2

전숙

눈물은 천길 아래 낭떠러지로 몸을 날렸다
제주의 모든 길은 돌로 통하고
돌의 길은 칼
요철이 셀 수 없이 박혀
걸음마다 베이고 잘려나갔다
피딱지끼리 오체투지로 기어간
상처의 바닥에서 핀 꽃, 암반수
제주사람들은 그 암반수를 마시고
어떤 태풍에도 쓰러지지 않도록
물푸레나무처럼 푸른색을 혈관에 보존했다
태풍이 몰려올 때마다
땅에서 견딜 수 없는 눈물은
지하로 스며들었다
사막의 지하에 강물이 흐르듯이
제주의 눈물은 지하에서 강이 되었다
십팔 년이 지나야 상처가 치유된 눈물 한 방울이
세상 밖으로 걸어 나왔다
광치기해변에 태풍이 몰려왔다
새들의 깃털이 낙엽처럼 떨어지고

뼈뿐인 노을은 곤두박질로 스러졌다
터진목에서도 소리 내어 울지 못하는
광목치마는 주먹으로 가슴만 두드리고
곡비가 된 바람이 피 묻은 버선을 신고 절뚝절뚝 울고 있었다
'찔리고 찢기고 밟혀 죽임을 당한'*
현무암마다 눈물구멍이 뚫렸다
눈물들은 돌의 길을 피투성이로 건너서
바닥에 닿았다
제주의 깊고 깊은 상처가 아문
흉터에서 핀 꽃 암반수, 누군가의 눈물이다.

*성산읍유족회의 추모의 글

빗방울 보고서

정선우

종일 내리는 비
빗방울 바라보다 말랑한 껍질을 벗기고
손뼉 치듯
펼쳤다 모았다 두들겨요

주문같이 둥그런 말을 뱉어내는
물의 입술이
생겨나고 사라지는 시간
하루 이틀 사흘

필사적으로 매달리는 빗방울들
유리창에 빗방울 구르는 사이
바닥에 엎드린 잎사귀 찢어진 문장들
그 곁에 신발 들고 기다리는 사람

비가 올 때는
울음을 잠시 멈춰요
아니 지금은 물푸레나무 이야기나 할까요

빗방울이 벌레의 등 위에서 미끄러져요

마른 손으로 만지지 마요

예약 코스, 애벌 코스, 스피드 코스로 연주되는 빗방울 교향곡

연주가 끝난 후에도 손을 닦으면 안돼요
분위기도 모르면서
이외의 용도로는 사용하지 마세요, 제발

물의 집

정애경

닫았던 창문을 열고 비를 불러들였다
아무도 닿지 않은 신선한 물방울이 손가락 사이를 빠져나가다
온기를 주무른다

빼대도 없는 것이 바닥을 내리칠 땐 발정 난 짐승의 울음소리
포효하듯 돌바닥을 예리하게 내리찍는다

터져버린 핏물 튀긴 빗방울은 통증을 쓸어 모아 하나 둘 물결을
잇고 어깨를 부딪치며 아스팔트 바닥을 기어 기울어진 길로 접어
든다

동그랗게 움푹 파인 낯선 물의 집,

먼 여행을 마치고 발도 없는 붉은 발을 흙탕물에 빨면
하얗게 드러나는 구름의 이빨자국이 물의 집
거울 속에서 뭉크러지며 웃는다

바람을 일으켜 흔들어대는 나무에 새는
떨어지지 않는다고
부서진 물의 집이 빛줄기를 타고 오르며 던지는

그 말, 새가 물고 날아가다 툭 떨어진다

열여덟, 포도밭에 맺힌 송알송알 포도송이만한 물방울이 곧 터질 듯 부푼다
푸른비는 자작자작 잦아들고

숲속에는

정영숙

적막한 강물 같은
사방으로 대숲 울창해
바깥에선 전혀 보이지 않아
대나무 부러져
가로로 누워 있는
승정원 좌승지 할아버지
묘 앞에서 오싹한 멈춤
댓잎은 모두 꼬스라져
온몸으로 지탱한 직립을

맨 아래쪽 우리 mommy
자란 풀들이 머리 풀어 헤친 듯
폭우와 바람을 아래로
흘려보내 말랑해진
머릿통을 감싸고 있어
갓 시집온 새색씨처럼
말이 없으시네
혹여, 청개구리 신세가 될까
염려한 기우에
옆구리 토닥토닥하고 돌아선
빗물인지 눈물인지

단수斷水

조경환

가이아는 자가분열 음경, 우라노스가 더는 필요치 않을 때
굳이 배반의 칼을 들었다나 음경을 베었다나
굳이 해명을 이해하려면 비 오는 날에나 용케
시든 풀잎이 일어서는 그때일 거라는 말만 남겼다나

물기 흥건한 구름 바가지 쏟아진다
창조가 절박한 대지에 우라노스의 피는
처음에 비였을까 눈이었을까 우박이었을까 정말 씨였을까
정액이라 널리 주지하며 절박한 대지에 낙하하는 우라노스의 피,
피는 붉어야 한다는 선입견이 가이아의 설계를 막을 수 없다

우라노스가 뿌리는 것들 피라기보다도 가이아의 눈물일 거라고
이해하는 자가 생기기 시작했다
대지의 신 가이아는 자가분열 재생산을 거부하고 신세계 창조에
손을 댄 것이다
눈, 비, 우박과 포옹하는 일, 수치를 떠안은 창조의 입맞춤이라
해보자

예수를 제물로 내놓은 무정한 하나님 또한 수모를 떠안고
아버지로서 그럴 수 있느냐는 비난을 망각 없이 감내 중이지만

사랑하지 않는 자의 정액은 거부할 자유 또한 오리의 나선형 자궁에 실현해 두는 것도 잊지 않았다
가이아는 설계한 배반을 눈물로 삼킨다 눈, 비, 우박으로 삼킨다
구름 바가지 쏟아진 날 시든 풀잎이 말없이 일어난다
비 오는 날에 대지는 배반의 해명 말없이 이룬다

꽃이 피고 열매가 맺고 봄이 가고 가을이 오고 살아내지 않은 저녁까지도 어느덧 흔해져
들이밀면 감동으로 넙죽넙죽 받아주는 세상 아니기에
"제한급수합니다", 흔한 물 "곧 단수합니다"
불안 통보 다음은 선택 없이 헤매보는 것이지만
꺼림 없이, 받아든 창작에 소망이 설계되어 있기를.

아직도 5월의 강물은

조대현

무등산 계곡 아래 모여 살다가
어디로 흘러가고 있는지도 모르고
5월의 냄새가 난다는 소리에
처음에는 길 위의 느낌이 무서워
강물 따라 나섰던 것이 엊그제일 같았습니다

개울가에서 놀던 11살 어린이까지
무차별 학살을 당했던 광주 송암동 사건을
조명한 극명화로 광주독립영화관에서
추모행사를 했다는데 그래도
죽어 물이 된다는 생각을 하면
그때나 지금이나 씁쓸해집니다

지금도 흐르는 물소리를 들으면서도
생전에 맺혀있던 여한도 씻어내고
외로웠던 저녁 슬펐던 앙금들을
한 개씩 씻어내다 보면
당신의 곤궁했던 한 세월의 목마름도
조금은 가셔지겠지요

서로가 그리워서 울부짖는 물소리는
하나가 되려고 아래로만 흐르는데
세월이 되면 이끼 낀 바위틈에서나마
그래도 물이 된 것이
전혀 쓸쓸한 일이 아닌 것을
비로소 알게 되겠지요
오직 물을 마신 땅은 열매로 배가 부르기도 전에
도도한 흐름을 여기에서 멈추지 말라며
아직도 5월의 강물은 돌과 돌 사이를
휘어져 흐르고 있습니다

샤스 스플린*

조세핀

손가락 끝에서 실을 뽑는다 붉어서 가느다랗고
끈적한 너를 애무하듯 감는다

너는 둥글어지고 나는 가벼워진다

도마뱀 꼬리가 되기로 했던 구멍 난 마음처럼
잘라도 또 자라나는 잡초 같다

너는 맹독성이다

순전한 얼굴로, 요한의 머리를 쟁반에 얹고
무희의 몸짓으로 다가온다 닿을 듯 말 듯

먼 곳에 있는 구름이 얼음기둥이 된다

말을 나르던 생기가 혀끝에서 돋아나고
불가해한 끈이 되어 길게 꼬아진다

부서졌다 다시 살아나는 포말처럼

오랫동안 아주 오랫동안
나를 휘감고 있는 매듭이 하나, 둘 풀어질 때
마침내 알았다 너로 인하여 완전해질 수 없다는 것을

우리는 처음부터 흰색이 아니었다는 것을

뒤엉켜 서로를 먹기에 딱 좋은 날이다.

*보들레르가 마신 후 감동하여 지은 이름으로 우울함을 떨쳐버린다는 뜻을 지니고 있는 와인

불두화

차행득

타분하게 고여있는 눈물이
푸른 달빛을 타고
갠지스강까지 흘러가고 있었네

대웅전 마당 한 켠 어둠과 함께 앉아
강물 소리 들었네

고요한 절집
밤샌 줄 모른 도량들 물소리 뼛속까지 파고들어도
가슴 속 켜켜이 썩은 이끼들 터무니없어
헹구어 내지 못한
삶의 저쪽이 서러울 뿐이네

겁 없이 파르스름 삭발한 행자 스님
삐걱대던 시간도 한낮에 데인 듯
구도求道 길 사무침을 용쓰고 계시네

도량들의 물소리 귀에 환하고
부처님 설법 또한 귀가 시려와도
다다를 수 없는 저쪽은 서러울 뿐이네

나의 서사

천화선

바다의 서사는 바닷물 속으로 떨어지는 빗방울이 쓴다
물살은 고기들의 비린 필체를 지우고 그 위에 새로운 서체를 남긴다
같은 듯하나 약간은 다른 기울기와 굵기, 세기는
바람의 강도에 따라, 구름의 흐름에 따라 얼마든지 달라질 수 있다

나의 서사는 바다를 비추는 달이 쓴다
한 달을 주기로 달라지는 달의 얼굴에서 귀뚜라미 소리가 들린다
눈이 부신 태양보다 비 오는 바다를 좋아하고 달이 뜨는 밤이 좋아서
비도 오고 달이 뜨기를 항상 소망한다

어릴 적 커다란 숭어 한 마리를 안고 집으로 달려올 때
바다가 내 뒤를 바짝 쫓아왔다
솥단지 안에서 미역국이 된 숭어는 달로 다시 태어났고
나는 바닷속을 뒤지며 더 큰 숭어를 잡으려고 그물을 던졌다

나의 서사는 달이 된 숭어가 쓴다
사람이 그리운 숭어는 마을 가까운 바다에 살면서 나를 찾아온다

비도 오고 달이 뜨면 수평선에 걸린 숭어떼가
비릿한 생을 눈물 밖으로 밀어내려고 날아오른다

파도의 서평

최은수

이상한 사람을 봤다
바다로 하염없이 걸어가는
떠드는 소리가 들렸다
바람이 얼굴에 무어라
말을 하는 손짓이 바람까지 믿기지 않는 머언
바다를 뭐 하러 가
물이 빠진 갯벌이 성한 아니 흉흉한
조개를 캐는 것도 아닌
거품을 덮는 것도 아닌
잔상을 굴리며 오는 그네가 스르륵 밀리는
해루질 하러 가는 삽도 바구니도 보이지 않은 물소리 따라
준비도 없이 아무 준비도 없이 끝없이 걸어가는
길이 보이니까 길이 없으니까
어디든지 걸으면 되는 넓은 바다가 가도 가도 하늘만 닿는
너른 물에 매달리는 하늘 끝 조각이
목욕탕 의자 받침만 한 섬에 앉아
한 명 두 명이 터벅거리며 물살 헤엄쳐 오는
그들은 알까 물때를 아는 그들은
썰물이 지나 밀물이 드는 그때가 언제인지
돌아올 시간이 있는지 돌아갈 시간이 있었는지

밀물보다 빠르게 지워지는 발자국 위의 발자국들
멀리 멀리서 부르는 무슨 소리인지 모를
사박사박 걸어오는 또 다른 사람들
몸과 몸이 만나는 알 것 같은 부딪침
파도가 이어지는 말이 말을 재우는 투명한 밀어들
한 장 한 장 부르지 않는 길을 넘기며

걸어가, 바람이 멈춰도

물의 추억
– 봄별에게

하헌주

지난겨울부터 올 춘분까지 가뭄이 계속되었다. 그 시작쯤에 너는 내게로 왔다. 별이라는 이름에 어울리지 않게 두 눈가에 눈곱이 잔뜩 끼어 있었지만, 베이지 톤의 덥수룩한 머리칼은 그런대로 봐줄 만했다. 그런데 반평생 넘게 다른 곳에 살다가, 이제 나에게 덥석 안겨 서로 어쩌자는 것인가. 때론 백치하고 요란해서 눈을 마주치기도 불편하다. 그리고 며칠이 흘렀다.

네 나이쯤이었을까. 철둑을 지나 직선 주로의 등굣길 왼쪽은 도랑이었다. 이백 미터가 넘는 길, 폭은 애들 세 명이 어깨동무하면 딱 맞았다. 도랑가에는 아무런 보호막도 없었고, 학교 입구까지 가면 문방구 몇 점이 있었다. 누구처럼 나도 바른생활 새 공책의 그 샛노란 윤기를 만지고 싶었지만, 도랑 쪽의 갱지 같은 물수세미만 오래 쳐다볼 수밖에 없었다. 때론 하굣길에 천불이 난 아이들은 도랑물에 그대로 다이빙하기도 했다.

아직도 쌀쌀한 뒷산을 너와 함께 나선다. 길이 굽어질 때마다 너는 꼬리를 흔들며 흔적을 남기기에 바빴고, 나는 맞바람 치는 오르막을 겨우 오른다. 곳곳에 물기가 없다. 오래 제자리에 서 있었던 나무들만의 목소리가 희미하게 들려온다. 서로 메마르기는 매한가지다. 그때, 언뜻 보았던 것 같다. 도랑 같은 너의 눈망울을.

어린 나는 집에 오면 맨날 용두목을 넘어서 강으로 갔다. 갈지자형으로 가파르게 내려가면 그냥 반가운 물살이 있었다. 너의 살 속으로 나를 밀어 넣으며 함께 몸부림치던 시간들이 오래 흘렀다. 아무도 딱히 나를 부르지 않았지만, 돌아갈 곳이 없는 것도 아니었다. 젖은 몸을 말려주는 노을 풍경이 붉어서 그냥 빨강이어서 좋았다.

별아. 반평생 내 주위를 맴돌던 물 회오리처럼 온몸을 흔들며 다가온 별아. 어디 그 먼 곳의 물방울 하나로 따로 살았지만, 이 가뭄의 날들에 너나 나나 이제야 붉은 목줄을 풀고서, 목련꽃 환한 봄밤 산책하러 가자꾸나. 그랬구나. 너는 그 송이마다 매달린 봄별이 되어 내 곁에 왔구나.

물의 분노

허문정

러시아가 우크라이나를 기습 공격하듯
하늘에서 물폭탄을 쏟아 붓는다
물을 만만하게 본 사람들
물맛 한 번 제대로 보라며
번뜩이는 칼날에 하늘이 쩍쩍 금이 가고
검은 하늘에 화약 냄새 진동한다
가장 낮은 곳을 흐르며 낮은 것들의 발을 씻겨주던
착한 물이 분노조절장애에 걸렸다
창문을 쾅쾅 두들기고 부수어 대니 죄 없이도 두렵다
우리가 준비한 건 알량한 재난문자 몇 개뿐
순식간에 수십 명의 목숨을 앗아가고
산을 무너뜨리고 도로를 끊어버렸다
애써 가꾼 농작물을 삼켜버렸다
붉은 흙덩물에 휩쓸려간 목숨들이
풀빛으로 살아오길 기도했으나
모두 허사였다
절망과 탄식을 담요에 둘둘 말아
뜬눈으로 날을 새는 이재민들
마른 눈빛에 발구를 힘조차 없는데
나랏님은 해외순방 연민 담아 걱정 말란다

당장 하늘 문을 닫아걸 능력이라도 있는 건지
위정자들 책임 공방 여전하고
선량한 시민들만 물의 선처를 바랄 뿐이다
요행히 진흙탕물에 쓸려가지 않은 건
휴대폰 속 재난문자

눈물 끝에 매달린 상처만 짓무른다.

수몰지의 표정

홍영숙

굳게 입 다물고 있다
커가는 달을 가슴에 품고
먼 거리 달려온 햇살의 끝이 좌표를 찍는다
그 좌표를 따라 더듬는 한 여자의 노크에도
오랜만의 단비에도 호들갑 떨지 않는다

안과 밖이 분명한 또 다른 세상
물속에 들어간 추억은 돌아오지 않는다
꿈까지 잠겨버릴 수는 없어
중심에서 멀어져 간 물소리는 변두리를 깨우며
새떼 날아간 흔적마다 봄이 촘촘하게 내려와 움튼다
번지는 둥근 눈물이 살아온 얼룩으로 따라오다가
먼 물버들 숲으로 유유자적 흐른다

사람들은 모든 걸 붙들지 못해 몸부림친다
댐 안에 솟아오르는 분수
같은 자리에 늘 다른 모습으로
도마뱀 꼬리처럼 잘려나가 꿈틀대다 한몸이 된다

떠나는 일은 다시 만나자는 무언의 약속인가

붉은 양철 지붕을 덮은 감꽃은 별처럼 피었고
활활 불타는 스무 살 청춘을 떠나보내던 골목길
울음 그만 그치라며 종주먹을 대던
엄마의 환영이 아른거리는지
여자는 일어나 두 손 모으더니 큰절을 올린다

명절이 가까워지면 한 무리 발자국들이 시끌벅적 사라진다
빛과 바람은 물결을 그리며 무위의 춤을 춘다
말라야 할 것들이 물속에 감춰진 그곳
애면글면 그리워했던 화면이 깜박인다

| 동시 |

기다려 줄게

박형숙

학원에서 돌아온 동생
포도 주스병 꺼내
단숨에 벌컥벌컥

달달한 맛
온 몸에 실려 기분 좋을 거야

음료수병 사이에 있는 생수병
맘 졸이며 서운한 기분
허긴
색도 맛도 향도 없는
나를 좋아 할리 없지

철든 사람들이 갖고 있는
세상을 들여다보는 렌즈
언제 갖게 될까?

| 동시 |

웃음비

진금선

아무도 모를 거야

해님 쨍쨍 맑은 날
후드득 잠깐 내리는 비가
구름이 하하 호호
한바탕 웃어서 내리는
눈물이라는 걸

친구랑 이야기하다
데굴데굴 구르며
배꼽 빠질 정도로 웃을 때
나도 모르게 흐르는
눈물과 같다는 걸

| 수필 |

10대의 나는 어디로 갔을까?

박미경

중학교 1학년 즈음이었을까? 온 동네에 물난리가 났다. 사납게 쏟아지는 비는 우산으로도 막을 수 없었다. TV에서는 물에 잠긴 도심 곳곳의 모습을 보여주고 있었다. 말로만 듣던 홍수였다. 학교에 가야했다. 학교에 가는 날이었으니까. 그리고 오늘은 학교에 오지 말라는 연락이 없었으니까.

귀를 쫑긋 세우고 혹여 "학생들은 학교에 등교하지 말라"는 알림이 나올까 기다렸지만 들리지 않았다. 주섬주섬 옷을 챙겨입고 가방을 둘러메고 버스 정류장으로 향했다. 학교로 향하는 버스들은 콩나물시루였다. 온동네 사람들이 모두 버스를 타기 위해 모인 듯했다. 이미 사람들로 가득 찬 버스에는 정류장에서 기다리던 사람들이 들어갈 여지가 없었다. 걸어가자.

집에서 학교까지는 열 정거장 남짓한 거리였고 한 번도 걸어간 일은 없었지만 충분히 걸어갈 수 있을 것 같았다. 주위를 둘러보니 만원버스에 올라타기를 포기하고 어딘가를 향해 걸음을 재촉하는 이들도 눈에 띄었다. 다른 생각은 들지 않았다. 뉴스를 통해 들려오는 거리 곳곳이 물에 잠겼다는 말은 남의 일처럼 느껴졌고 오로지 학교에 가야한다는 생각만 가득했다.

학교를 향해 한참을 가다보니 커다란 물웅덩이가 나왔다. 물이 조금 많이 고여있는 그런 정도가 아니라 허리춤까지 물이 닿았다. 하지만 학교에 가는 일을 포기할 수는 없었다. 다른 이들처럼 가방에 머리에 올리고 물속을 헤치며 걸었다. 조금만 더가면 학교가 있었고, 나는 학교에 가야했으니까.

간신히 학교에 도착해 교실에 들어서니 칠판 한가운데 "휴교"라고 쓰여 있었다. 학교에 오지 않았어도 될 일이었다. 지금이야 '국민 대다수가 휴대전화를 사용하고 있지만 그때는 삐삐도, 휴대전화도 없었던 때다. 도착하자마자 왔던 길을 되돌아 물길을 헤치며 집으로 돌아왔다.

자금 생각하면 10대 소녀의 치기에 어이가 없지만 그때는 학교에 가는 일이 너무나 간절했고 반드시 해야만 하는 일이었다. 그때의 나는 오로지 '학교'라는 목표를 향해 주변의 험난함은 무시하고 걷고 또 걸었다. 하지만 지금이라면 절대로 가지 않을 길이다.

가끔 물난리 속을 걸어 학교로 향하던 10대의 내가 그리워질 때가 있다. 무언가를 해야 할 때, 해야 할 일을 잔뜩 쌓아두고서도 게으름피우며 뭉그적 뭉그적 거리는 50대의 나를 보며 오로지 '학교에 가야 한다'는 마음 하나로 온몸이 물에 젖어도, 허리춤까지 물이 차올라도 뒤도 돌아보지 않고 학교를 향해 물속을 헤치며 걸어가던 10대의 내가 그립다.

올해 제야의 종소리를 들으며 새해를 맞이하면서 "1주일에 한편씩 글을 쓰겠노라"고 다짐했었다. 그 다짐은 어느 순간 "한달에 두편은 꼭 쓰겠다"로 바뀌었다. 그리고 지금은 "한달에 한편만 써도 잘하는 것 아닌가"생각하며 두세달에 한편의 글도 내놓지 못한 스스로를 두둔하고 있다. 게으름뱅이의 자기변명인 셈이다.

지금이라도 그날, 물속을 헤치며 앞만 보고 걸어가던 10대의 나를 찾아야겠다.

회원작품

김은우
서승현
손수진
전 숙
이사동
백혜옥
천화선
정영숙
윤인자
허문정
김은아
고경자
김청수
김재영
박판석
이경은
정선우
강대선
조세핀
김병준
조대현
김성룡
임 린
변재섭
조경환
차행득
강나루
이상범
박덕희
가 은
김귀례
최은수
손은주
하헌주
홍영숙
정애경
신수진
임해원
나금복
오현진
한명희
박형숙
진금선
이동식
박미경

시와사람

시와사람시학회 동인시집

수·록·작·가

김은우

서승현

손수진

전 숙

이사동

백혜옥

천화선

오대교

정영숙

윤인자

허문정

김은아

고경자

김청수

김재영

박판석

이경은

정선우

강대선

조세핀

김병준

조대현

김성룡

임 린

변재섭

조경환

차행득

강나루

이상범

박덕희

가 은

김귀례

최은수

손은주

하헌주

홍영숙

정애경

신수진

임해원

나금복

오현진

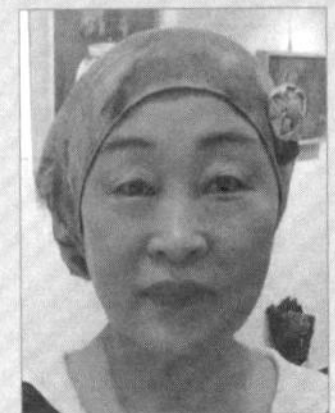
한명희

박형숙(동시)

진금선(동시)

이동식(수필)

박미경(수필)

김은우

열대야 外 1편

아침은 올 것 같지 않은 신열을 앓는 밤

짖을 타이밍을 놓친 개처럼 어정쩡하게
말을 배우는 아이처럼 더듬더듬 시간이 갑니다

재미있는 이야기를 재미없게 하는
당신의 이야기가 길고도 지루한 시간

많은 걱정거리로 오늘도 걱정 내일도 걱정인
당신은 자꾸만 무슨 말인가를 하려다 말고

손이 없고 발이 없고 머리가 없는 문장들
불만을 말하면 불만이 더 커집니다

질문으로 시작해 질문으로 끝나는 이야기가
종잡을 수 없이 미궁으로 빠지는

고요 속으로 침잠하는 어둠에 갇힌

밤의 끝까지 가보기로 합니다

막막한 밤안개 속을 걷는 듯한
희미한 시간의 저편에서 돌아오지 않는 말들

노래가 끝나고 침묵이 계속되어도
사라진 말들의 행방을 알 수 없습니다

쥔 것을 놓아주고 빈손이 되어버린
지금 처음으로 돌아갈 수 있겠습니까

악몽을 꾸다 깨어나면 쨍그랑 거울이 깨지고
우중의 칸나처럼 침울해집니다

어둠의 동공 속으로 빨려드는 궤적을 따라
무너지는 시간이 영원을 물고 늘어집니다

떠도는 바람의 말들을 새기며
좌초하는 폐선처럼 표류하는 밤

사라진 것들과 다가올 것들 사이
침묵 뒤에 오는 것은 슬픔

밤새 지껄이는 앵무새 입을 막지 못한 채

여기 이대로 탁자처럼
앉아 있어도 되겠습니까

아무튼 여름

비파 하고 발음하면 목이 긴 항아리 같은
현악기에서 음악이 흘러나오고

햇빛과 그늘을 건너뛰며 음악이 머무는 동안
선풍기가 쉬지 않고 돌아갑니다

여름을 좋아하지 않지만 나선형계단을 타고 오는
빗방울의 왈츠를 따라 아이들과 미끄럼틀 아래에서
모래무덤 만드는 걸 좋아합니다

매미가 울고 둥근 열매가 노랗게 익어가고
푸른 잎들이 담장을 덮을 때

귓불이 발그레한 젊은 스님이
랩으로 염불을 합니다

복숭아의 달콤함이나 포도의 신맛이 아닌
두부의 물컹한 맛이 입안에 맴도는

달아나는 아름다움을 붙들고
수증기처럼 사라지고 싶은 날들

새장 문을 열고 손짓을 하자
갇힌 새가 날아갑니다

새야 새야 뒤돌아보지 말고 가렴
새를 떠나보내는 나의 마음을 새는 알까요

푹 고아 끓인 삼계탕 냄새가 코를 찌르는
새끼두꺼비들이 목숨을 걸고 대이동을 하는

눈동자가 얼룩지는 습기의 나날

풀들 베어낸 자리에 비린내가 스며들고
냄새를 풍기며 썩어가는 쓰레기

긴 장마가 끝나도 여름은 끝나지 않고
동시다발적으로 붉은 꽃이 집니다

김은우 | 1999년 《시와사람》으로 등단/시집 『바람도서관』, 『길달리기새의 발바닥을 씻겨주다 보았다』, 『귀는 눈을 감았다』.

서승현

너무 빠르고 더딘 발걸음 외 1편

윤유월 장마와 염천 더위에
능소화 꽃자리도 무르고 있다
어제 늦게 청수국 한 송이 다시 피어났지만
오늘 감당 못할 햇살의 뜨거운 입김에
돌담 아래 누렇게 고개 떨구고 말았다

봄은 간이역 건너뛰는 KTX처럼
날랜 걸음으로 휘뜩 스쳐 지나가고
일찍 도착한 여름은 초입부터 펄펄 끓어
날마다 서늘 걸음 바라기만 하게 한다

그래도 입추는 내일 모레

계절을 지키려는 너의 발걸음 따라
검푸른 숲그늘에서는 잎 마른 붉은 상사화
어둠을 짚고 수직의 꽃대 세우기 위해
불볕 더위마저 독하게 들이키겠다

아버지의 삽

이깔나무처럼 꼿꼿하던 등은 휘어져 갔지만
6남매는 메마르고 갈라지는
등걸에 기댄 채 철 모르고 피어났다

늙어 병들고 허물어져 가면서도
끝끝내 손을 놓지 못하던 희미한 뿌리의 악력은
부드러운 모래흙의 시간 모조리 흘려보내고
거칠고 큰 돌멩이만 겨우 움켜 쥔 채
성긴 속눈썹도 힘들게 깜박였다

병상 모서리에 걸쳐 있는
마른 나뭇가지 같은 손으로
갯흙처럼 질척한 검은 깨죽
한 숟가락 들어 올리다 그만
입가에서 먹꽃으로 피고 진다
그 손에 들렸던 초라한 삽으로
우리 남매 때마다 밥숟가락 들었다

오늘 내가 두드리는
자판기의 잉크는
아버지의 삽으로 잉태된 검은 눈물

컴퓨터 화면 속
혼잡한 광맥에 매몰된 채
술래잡기 허둥걸음 옮기고 있다

서승현 | 2001년《시와사람》시, 2019년 평론으로 등단/시집『푸른 현호색꽃 성채에 들다』『분홍, 서러운 빨강』.

손수진

홍어 외 1편

9개월을 난각 속에서 산소를 공급받으며 살다가 알에서 깨어나 바닷속을 유영하다 걸락에 걸린 홍어의 내장에는 실제 아무것도 없다고 한다. 낚싯줄에 걸려 발버둥 치는 동안 몸속에 애간장이 다 녹아 없어져 버려 며칠 만에 건져 올린 홍어의 내장은 텅 비어 있다고 한다.

TV 화면에서 그 물고기를 보고 난 후 꿈속에서도 오랫동안 '애간장이 녹아 없어진' 어머니를 찾아 깊은 바닷속을 헤엄치고 있었다

머물도의 전설의 홍어잡이 노인의 그 말 때문이었다.

소호에서

소호의 밤은 고요했다
불빛이 일렁이는 밤바다는 우주의 한 공간을 연상케 했고
멀리 바다에 비치는 불빛은 불빛인지 별빛인지 분간하기 어려웠다
아픈 고양이의 등을 쓸어내리며 그의 죽음을 수습하는 일도
국도 1호선, 달리는 차에 뛰어들었던 고라니의 눈빛도 뇌리에 남아
내 의지로는 어쩔 수 없었던 게 아니라 모든 잘못된 일은 다 내 탓인 것 같아서

소호의 밤은 깊었고
아무도 없는 방파제에 앉아 소주를 마셨다.
내 품에서 힘없이 눈을 감던 고양이와
사지를 떨며 애처로운 눈으로 바라보던 고라니의 눈빛,
나는 왜 그 시간 거기서 그 절망의 눈빛과 맞닥뜨려야 했을까
내가 바다 쪽으로 한 발 더 다가가려 할 때처럼
어쩌면 그들도 그 절명의 순간을 스스로 정한 것은 아니었을까

손수진 | 2005년《시와사람》으로 등단/시집 『붉은여우』, 『방울뱀이 운다』, 『너는 꽃으로 피어라 나는 잎으로 피리니』.

전 숙

| 가사시 |

상처의 기억

– 1923, 관동(조선인)대학살, 100년을 기억하며

상처는 눈물의 무게로 역사를 기억하지
자갈밭 같은 역사에 와르르 매몰되어
아물지 못하고 울부짖는 상처마다
사라진 시간의 눈시울이 그렁하다
너무 아파서 너무 미안해서
말문이 막히고 무릎이 꺾여서
역사는 상처를 달의 그늘에 묻은 걸까
달의 뒤란에 움푹 파인 상처들
기억을 지우면 아픔도 지워질까
상처를 덮으면 미안함도 덮어질까
추상같은 꾸지람에 석고대죄 할지라도
백지뿐인 연대기의 상처를 호명하리
싱크홀처럼 역사의 구멍으로 사라져
나라에게도 민족에게도 홀연히 잊힌
흉터로 일그러진 원통한 꽃들의 시간
비단처럼 고왔던 진달래, 개나리

처참하게 찢기고 베어지고 무너진
상처를 헤아리고 보듬지 않는다면
아무도 잊힌 것을 되돌리지 못한다면
억울함을 절통함을 살피지 않는다면
부러진 그루터기에 옹이가 박히듯이
역사는 울음뿐인 흰 뼈를 드러내리
하늘은 해도 달도 사라지고 어두워진다
별들이 하얗게 일렁이며 반짝인다
흉터 같은 별들이 울음을 쏟는다
이 악물고 숨죽인 흐느낌이 파도친다
아물지 않는 저 상처 애잔해서 어쩔거나
빛바랜 기억 같은 노을빛 사진 한 장
주검이 낙엽처럼 서럽게 쌓여있다
사진이 웅변하는 낙엽들의 눈물들
나이테처럼 몸으로 증언하는 주검들
땅바닥에 넉장거리로 진열된 아픔들
어떤 폭풍우가 이리 모질까
마디마디 부러지고 밟히고 짓이겨진
상처들이 바람에 쓸린 낙엽처럼 어지럽다
처절하게 울부짖는 이들은 누구인가
상처들도 오매불망 작은 꿈이 있었으리
꽃 피우고 열매 달게 익히고 싶었으리
우듬지로 하늘도화지에 구름 그리고 싶었으리
아침이면 종달새 더불어 노래하고
낮이면 나비 함께 노닐고 싶었으리

식민지 백성으로 깡그리 빼앗기고
목구멍 타작에 악착같이 목맸지만
노동에 지친 몸을 다다미방에 누이면
들창 밖의 하염없는 초승달을 바라보며
저 달이 차오르면 나의 꿈도 차오르리
소박한 그의 꿈 모자란 공부였을까
부자가 되어서 금의환향하고 싶었을까
부푼 꿈은 피떡이 된 머리카락에 말라붙고
자존심을 지키듯 서릿발 입은 앙다문 채
진실을 말하듯 억울한 눈만 부릅떴다
자갈 같은 차별과 멸시로 짓이겨져
절통한 꽃잎들 봉분처럼 쌓여서
상처가 상처를 진물로 감싸고 있다
조선땅에 흐드러진 구절초 여인이여
어쩌자고 태어나 식민지백성이 되었는가
몇 마디 조사와 몇 방울의 눈물로
서러운 하늘길 배웅도 못 받고
거기 그렇게 새카만 상처로 흐느끼는가
잊힌다는 것은 무엇을 의미할까
어떻게 살았는지 잊힌다는 것일까
어떻게 죽었는지 잊힌다는 것일까
어떻게 살았는지 어떻게 죽었는지
아무도 기억하지 않고 잊혀진 삶이 있다
멸시로 둘둘 말린 오욕을 견디며
구사일생 살아남아 가족을 챙기다가

임신한 몸으로 먹을 것을 찾다가
늑대에게 물려서 희생양이 되었을까
돈 벌어 부모님께 큰절 올리고 싶었건만
밤마다 꿈처럼 가족을 그렸건만
첫사랑에 달떠서 심장이 불탔건만
식민지백성이라고 조센징이라고 손가락질 당하고
칼에 베이고 죽창에 찔리고
늑대에게 강간당하고 몽둥이로 얻어맞고
속절없이 짐승들에게 살육 당한 주검들
인정 없는 칼날에 무참히 베인 꽃송이들
피고랑을 타고 꽃잎이 폭포처럼 쏟아졌다
그날 잃은 조선 백성 주검이 얼마인지
궁금한 나라도 없고 알려주는 나라도 없다
만금 같은 목숨을 헌신짝처럼 잃었으나
얼마나 아팠냐고 얼마나 억울했냐고
얼마나 비참했냐고 얼마나 살고 싶었냐고
한 마디 위로도 못 받고 잊히고 있다
고향의 부모는 내 자식 어딘가 살아있으려니
소식 없는 자식들 제사도 못 지내고
정화수 떠놓고 새벽이면 두 손 빌며
무작정 하세월로 기다리고 기다린다
나라가 국민을 기억하지 않는다면
국민이 나라의 하늘이 아닌 걸까
나라가 국민의 하늘이 아닌 걸까
대학살은 맹랑한 소문으로 시작되었다

1923년 9월 1일 11시 58분 점심때였다
죽음의 그림자가 간토를 덮쳤다
7.0 이상의 지진이 세 차례나 몰려왔다
죽고 파괴되고 불타고 무너졌다
대재앙은 속수무책 대혼란으로 이어졌다
지옥 같은 아비규환 대혼란의 간토
일본당국은 민중의 분노에 겁을 먹고
생쥐처럼 재빠르게 계엄령을 내렸다
대재앙의 폐허 속에 인심이 눈 부릅뜨자
악의적인 유언비어를 날조해 퍼뜨렸다
조선인에게로 분노의 화살을 돌렸다
내무성이 경찰서에 발송한 공문들
"재난을 틈타 이득을 취하려는 무리들이 있다
조선인이 방화와 폭탄테러 강도 등을
획책하고 있으니 주의하라"는 내용은
유언비어를 생산하고 신문보도로 이어져
뱀의 혀 같은 가짜뉴스가 간토를 핥았다
"우물에 독을 풀고 방화약탈을 자행하고
조선인들이 일본인들을 습격하고 있다."는 헛소문이
쓰나미처럼 간토를 휩쓸고 뒤덮었다
일본인 자경단은 사냥개가 되었다
지구에서 가장 잔혹한 마녀사냥이 시작되었다
명분으로 내세운 죄목은 조센징이었다
군경은 자경대를 독사처럼 지원했다
악마들의 광란의 축제가 시작되었다

재향군인, 관헌까지 조선인을 사냥했다
살인면허를 받은 듯 묻지마 살육이었다
"요씨, 이참에 조센징을 몰살하자"
소문의 뿌리는 야차 같은 권력이었다
신문은 선동의 나팔수가 되었다
충동질당한 민중은 늑대가 되었다
가짜뉴스에 침몰당해 살육자가 되었다
일본인들 심장에서 악마가 솟구쳤다
지옥이 파견한 야만의 선발대
심장에 꽂힌 칼이 칼부림을 시작하면
흡혈귀처럼 희생양의 목을 물고 피를 빨았다
짐승의 피가 온 몸에 흐르는 원시인류
바늘구멍에 실 꿰듯이 조선인을 찾아내어
개처럼 끌어다가 내키는 대로 죽였다
분노의 질주에 잡히는 대로 살인도구
쇠꼬챙이에 죽창에 총검에 몽둥이에
쇠스랑에 일본도에 작두에 쇠톱에
쇠꼬챙이로 찌르고 나무에 매달고
작두로 목을 자르고 톱으로 썰어 죽였다
몽둥이로 때려죽이고 죽창으로 베었다
머리와 사지가 절단된 조선인
총으로 죽여 달라 간절히 애원하는
조선청년을 창으로 마구잡이 찌르고,
발가벗겨 온몸 묶어 불구덩이에 처넣었다
총을 맞고 파놓은 구덩이에 떨어지는

조선청년을 동네에서 우연찮게 목격한
패랭이꽃 일본소녀 야끼다니 다에꼬는
한평생 청년의 이야기를 해야 했다
"말해줘, 말해줘, 말해줘라고 그 청년이
내 눈을 빤히 쳐다보면서 말한다
나는 내가 본 대로 말할 수밖에 없었다."
임신한 조선여인의 배를 칼로 갈랐다
뱃속의 아기가 울자 아기도 찔러 죽였다
주검이 아무렇게나 널브러진 사진에는
여인들의 하체가 수치처럼 벗겨져있다
찢어진 꽃잎이 풍선처럼 부풀어있다
강간을 하고 쇠꼬챙이로 꽃잎을 찔렀다
죽은 뒤에 생긴 상처는 부어오르지 않는다
살아 있는 꽃잎을 쇠꼬챙이로 찌른 것이다
조선인들이 우물에 독을 탔다는 암호라고
자경대가 가리킨 담벼락의 글씨는
"내가 장난으로 휘갈겨 쓴 글씨였다."고
일본의 한 영화감독이 피 토하는 증언을 했다
도쿄를 관통하는 스미다강과 아라카와강
조선인들 사체와 핏물로 넘쳐났다
피의 잔치로 함부로 짓밟힌 조선사람들
거적데기로 덮인 채 암매장되고 불태워졌다
사람목숨 모래알처럼 대강대강 어림잡아
임시정부는 육천육백 남짓이요 독일은 이만 명
증명되지도 않은 숫자에 무슨 의미 있으랴

그 열 배 그 백 배였을지 아무도 모르는 일
단 한 사람이라도 단지 조선인이어서 살해당했다면
그것만으로도 만천하에 천인공노할 중범죄
일본은 지금까지 아무 것도 책임지지 않았다
희생자들에게 아무런 사과도 안했다
사실을 은폐하고 꼬리자르기에만 전력투구했다
역사의 상처에서 들리는 신음소리
들려도 귀를 막고 양심을 덮었다
죄지은 자 아무도 없고 아무도 사과하지 않고
아무도 사과를 요구하지 않은 대학살
땅속에 묻히고 강물로 흘러가버렸다
여전히 태양은 하늘 높이 솟아오르고
아무 일도 없었다는 듯 세상은 눈부셨다
망각은 진실을 까맣게 덮어버렸다
나라를 빼앗기고 수탈당한 식민지 백성들
허기진 배를 끌어안고 고향을 뒤로 하고
노동판에 품 팔아서라도 목구멍에 풀칠해보겠다고
피눈물을 삼키며 일본땅을 밟았다
죄도 없이 비명횡사한 식민지 백성들
나라를 찾았는데 억울함은 잊혀지고
매화꽃도 떨어지면 매화가 열리는데
어느 무참한 동네는 9월 아무 날이 떼제사라는데
조센징은 죽여도 된다고 경찰이 말했다는데
군인들은 자경단에게 조선인을 죽이라고 할당했다는데
국가범죄 민족범죄를 저지른 못된 나라는

겨우 네 명 법정에 형식으로 세워서
다음해 특별사면으로 금방 풀어주고
국민이 남의 나라에서 절통하게 죽어도
눈물로 곡으로 애통하는 나라도 없고
사과를 요구하는 외교관도 없는 나라
억울함을 풀어줄 특별법도 없는 나라
잊혀진 백성에 잊혀진 상처
백성이어도 백성이 되지 못한 백성아
통꽃 채 떨어져 열매도 못 맺고
피고름 흐르는 상처로 앓아누워
그 아픔, 그 통한, 그 눈물, 그 상처
아무도 못 보고 아무도 못 들어도
이름 없는 풀꽃처럼 내 가슴에 피어다오
날마다 두 손으로 앙가슴에 끌어안고
헤아리고 끄덕이고 얼러주고 보살피리
잊혀도 차마 잊히랴 눈 부릅뜬 상처야.

전숙 | 2007년 《시와사람》으로 등단/나주예술문화 대상, 전국계간지 우수작품상, 백호임제문학상, 한국PEN문학상, 한국가사문학대상 우수상, 고운최치원문학상 대상, 광주문학상 수상/시집 『나이든 호미』, 『눈물에게』, 『아버지의 손』, 『꽃잎의 흉터』, 『저녁, 그 따뜻한 혀』.

이사동

물 건너 저편 외 1편

꼬리가 잘린 도마뱀이
작살에 빗맞은 어린 숭어처럼 수면을 질주하고 있다
발바닥을 들어 올릴 때마다 물방울이 솟아나고
물방울 속으로 들어간 불안이 손톱을 깨물며
탱탱하게 부풀어 오른다

풍문에 쫓겨 물로 뛰어든 야생
잡히지 않으려면 물방울이 터지기 직전
찰나를 밟아야 한다

풍문이 포위망을 펼치면서 쫓아온다
눈 부릅뜬 포위망에 흰 문맥이 일어나고
도마뱀은 현상금이 붙은 꼬리를 떠올리며
속도만을 생각한다

물레방아가 일평생 바퀴를 굴리고도 한 걸음도 가지 못한
물 너머 저편
마지막 도피처를 향하고 있다

쫓고 쫓기고,
달려온 흔적이 죄다 지워진 한 장의 수면
축 늘어진 도마뱀이 뒤돌아서서
물 건너 저편을 바라본다

수평이 떨고 있는 물 표정에서
소금쟁이가 호외를 움켜쥐고 있다
몸통이 누구인가
기필코 찾아내려는 듯이
물 머금은 방점을 굴리면서

아네모네

파고가 천적에게 쫓기는 흰동가리 눈빛을 흔들면

백마 심장은 떨리는 눈길을 잡기 위하여
푸른 초원을 달린다
초원은 알 수 없는 표정을 짓고
복면한 망상어를
복면한 파도 불러 꽃대를 흔든다

백마 항문 같은 꽃봉오리
흰동가리가 입술을 대면 안달이 난다

자포에 입술 찔려 목소리를 잃어버렸다는
여인의 소문이 돌고
소문이 갯바위에 앉아 흐느끼면
망상에 빠진 음악은 물의 체위로 휘감기는데
아도니스 초상화를 던져도 정령은 나타나지 않는다

그 소문은 어느 이별이 흘리고 간 흔적일 뿐이어서
추억의 동쪽 물빛을
빌리지 않고는 진원지 찾을 방도가 없다

모두가 외면한 백마를 타고
흰동가리가 꽃봉오리 주위를 맴돌고 있다

꽃봉오리에서 바위섬으로
바위섬에서 한 떨기 꽃말로
어떻게 여자 배신한 정령을 찾으려는지

이사동 | 2007년 《시와사람》으로 등단/시집 『물렁한 통증』(세종문학나눔우수도서).

백혜옥

하루 외 1편

늙은 저녁을 강물에 던졌다
밤이 낮을 끌어안고
안부를 묻는다

낮의 사연들 강바닥에 소란하다

뒤엉킨 사람들 속
스쳐 간 사내

불현듯,
뱀처럼 다녀간

오월에 서 있는 집

산 아래 살구나무 베어진 집이 있다

어린 살구나무가 베어진 후 살구나무만큼 자란 집이 있다
붉은 상현달이 지붕 끝에 이울고 있는 집이 있다

배꽃들이 찰방이는 논물에 떨어지는 오월에 서 있는 집이 있다

눈물 한 방울 떨군 여자가 자꾸 뒤돌아보는

오월에 서 있는 집이 있다

백혜옥 | 2010년 《시와정신》으로 등단/시집 『노을의 시간』, 『자작나무 숲에 들다』.

천화선

나타샤를 찾아서 외 1편

숯불 일렁이는 불 아래
양고기 익어가는 냄새가 난다
벽돌 안에서 양떼들이 짧은 생을 쓰고 있다

눈이 내린다
양고기 익어가던 창가에
백석의 함박눈은 앞이 보이지 않도록 내린다
나타샤는 흰 당나귀를 타고 눈 속으로 떠나고
누군가 열어놓은 문으로
나타샤를 찾으러 온 사람들이 들어온다
연중 눈이 내려도
허전한 마음은 어디서 오는지
흰 당나귀 타고 설원을 달리면
검은 망토는 바람을 품고 펄럭인다

점점 작아지는 옷을 입고
점점 할 말이 많아지는
오래전 같은 순간은 영원하다

그림 속 흰 당나귀는 점점 젊어져서
나를 사랑한다 한다

*백석 : 나와 나타샤와 흰 당나귀 시

당신이랑 산다

빗소리 듣고
액자 속에서 피어나는 꽃
꽃은 고양이 눈망울을 닮았다

비에 젖은 접시꽃
손을 잡고 집 안으로 들어가고 싶은 마음을
아는지 모르는지
장독대 옆에 피어있다가
언젠가부터 액자 속에 들어가 있다

고양이가 낮잠을 즐기기도 했을 접시꽃 아래
당신이랑 밥을 먹던 밥상이 있고
당신이랑 별을 헤던 여름밤이 있고
파란 하늘이 들어있는 빗물이 있다
마지막을 지키던 길이 있다

지지 않은 접시꽃 아래서
당신이랑 산다

천화선 | 2009년《시와사람》으로 등단/시집『저녁의 가방』.

오대교

초파일 풍경 외 1편

이런 사람이 있었어요

낳아준 아비 몰라라 한 패륜아
낳은 자식 내팽개친 망나니

이 사람을 아세요?

마누라를 버린 파렴치한
나무 밑에 앉아서 놀던 백수

이 썩을 놈을 아세요?

그런데 말입니다 사람들이
이 사람을 좋아해요 끔찍이도 사랑해요

순간 법당엔 웃음이 번지고
노승은 시치미를 딱 뗀다.

가을 안팎

노부부
마루에 앉아 장독대를 바라본다
땜질한 자배기
풍 맞은 오가리
똥오줌 흘려대는 술동이
구멍 숭숭 뚫린 탕관
물레에서 다림질할 때
쫀득하던 찰기는 어디로 갔는지
가마 문 열고 나설 때
고운 낯빛은 어디로 갔는지
가을바람이 쓸쓸하다
뚝배기보다 묵은 장맛이라 했지요
쇠죽 쑤는 아궁이에 장작불을 지피러 가며
말을 건네는 사랑양반
바람 소리 때문에 잘 안 들려요
딴청 부리는
안쥔.

오대교 _ 2009년《시와사람》으로 등단. 시집『읏신읏신 뛰어나 보세』,『 새물내』.

정영숙

군탁 외 1편

향기로운 커피 향
공간을 두드리는 사람 소리

창밖으로 구슬나무
보랏빛 추억은 가고
초록이 무성할수록
동그란 초록 구슬은
영글어 겨울이 오기 전
노란 구슬 풍성하겠지

도심에서 바라본
무성한 나무 한 그루
갓 로스팅한 커피 한잔
진한 향기에 끌린 쫑남
투샷 추가하고 창 너머

초록의 그늘 아래서
낡은 영사기에 필름 갈아 끼우고

눈썹 위로 보랏빛 꽃송이
바람에 날려 보네

소리

이른 아침 새소리
청랑한 아름다운 음악이다

시골 공기와 마찰하는
소리들은 선명하다

뒤켠 대밭에서 나는 소리
바람의 웃음인 듯 울음인 듯

날개 짓에 흔들리는 나뭇잎
소스라치는 소리는 선잠
털리는 얼떨떨한 기분

산까치들 행복이 아침밥
도둑질한 놈 너댓 마리
망보는 놈까지 두어 마리

쫓아 나가니 급한 까악 꺅
하는 놈 동네 불난 소리보다
더 다급하다

하루의 아침은
각자 내는 소리들의 조합이다

정영숙 | 2011년《시와사람》으로 등단/시집『아찔한 길』.

윤인자

포장마차 외 1편

어둠이 공원벤치에 드러눕는다
가로수들 바람에 어깨춤을 추고
아파트 공사장 앞 건너 쪽
포장마차에 불이 켜지고
주인은 부지런히 좌판을 벌인다
손님은 없고 적막한 포장마차
지친 주인은 연신 하품을 한다
밤하늘의 별들이 심심했는지 막걸리 통에 빠지고
밤새 마셔도 눈은 초롱초롱 취하지 않는다
난롯가 양은주전자 열이 올라 한숨만 푸푸
어느새 스멀스멀 새벽이 다가온다
별들도 돌아가고 공치는
긴 밤이 스르르 담을 넘는다.

가문 날

싱숭생숭한 꿈을 꾸다가
늦잠을 잤다
허둥지둥 쌀바가지를 수도꼭지에 대고
수도를 틀었다
물이 찔찔거리다 멈추고 만다
밥도 밥이지만 화장실 씻는 게 문제다
다섯 식구가 사용하는 화장실과
머리감고 샤워는 어떻게 해야 하는가
욕조에 물이라도 받아둘 걸 때 늦은 후회
물을 아낍시다
읍사무소 날마다 방송을 해댈 때
남의 일로만 생각했는데
아쉬운지 모르고 펑펑 쓰다가 아찔하다
물이 귀하고 우리의 생명줄임을
알고는 있었지만
뼈아프게 다가온다
수도가 멈추니 집안이 올 스톱이다
내 몸도 가뭄이어서 피가 말라간다.

윤인자 _ 2011년《리토피아》등단. 시집『에덴의 꿈』『 스토리가 있는 섬, 신안島』『시가 열리는 과수원』.

허문정

작가의 일생 외 1편

천방지축 튀어 다니는 어휘들 잡아다가
들쑥날쑥
횡설수설 글을 짓다가

맑은 꿈 하나 품고 날아가는

생.

어떤 연금 계산법

죽음에도 품위가 있잖아
훗날 요양시설에 가게 되면
자식들 낯 생각해서
허술한 데는 갈 수 없고

자식들도 제 몫의 삶이 있어서
여력이 없을 텐데
그걸 축낼 수도 없고

만약에 당신이 먼저 하늘로 간다면
연금이 6할로 줄 텐데
그렇다고 여유로운 마무리를 위하여
내가 먼저 가는 것도 내키지 않고
그거 참
이 궁리 저 궁리 답 없는 궁리로
잠 못 드는
노년의 밤.

허문정 | 2011년《시와사람》으로 등단/시집 『어린 애인』, 에세이집 『눈썹을 밀며』.

김은아

고사리 부부 외 1편

지리산 산비탈 고사리밭에 매달려
꽃구경 한번 가 볼 사이 없이
고사리와 함께 늙어버린 청춘이었다
고사리 때문에 자식을 키웠고
고사리 때문에 허리가 굽었다
팔십 평생 고사리 인생
고단한 봄이다
꼬부랑 허리 펼 새도 없이 고사리 끊고 또, 끊었다
벼농사 힘들어 계단식 논에도 고사리 심었다
툭, 툭 꺾을 수 있었던 것도 영감 덕이라고
통통한 고사리 꺾어 무쇠솥에 삶아
마당 가득 널어놓은 고사리에
햇살이 앉았습니다
부지런한 봄이 마당에 가득 널린 고사리를 말리고 있습니다
노부부의 얼굴에 웃음꽃이 고맙습니다.

팔금도 3
- 고향을 품다

천사대교 놓아지면서 편리함도 있지만
여객선이 멈춘 뒤
고산 선착장엔 고요가 더 깊어간다
배를 타기 위해 줄을 섰던 차들

매표소에서 표를 끊고 아이스크림 먹으며 매의 눈으로 배가 어디쯤 오는 가를 바라보던 날들이 사라지니 그나마 우연히 만날 수 있는 고향 사람들도 보기 힘들어졌다. 뭍으로 나가는 시내버스와 자가용으로 움직이다 보니 아는 사람 만나기도 어렵다.

편리함 뒤에 감춰진 고향의 냄새가 향기를 잃어간다
노듯길 따라 거사도에서 고둥과 소라를 잡으며
옛 추억 속으로 발걸음이 빠져든다
관광지로 개발한다고 언제부터인가 사람들을 이주시켜
갑자기 무인도가 되어버린 거사도에
다시 사람들이 들어와 산다면 좋을 것 같은데
대나무로 뒤덮어진 빈집들의 쓸쓸함을
돌담이 마지막 안간힘으로 버티고 있다
살았던 사람들의 흔적이 곳곳에 남아 있기에
고향을 떠나 이주하여 사는 분들은

폐허가 되어가는 고향의 모습을 보면서 얼마나 안타까울까를 생각해 본다

섬은 섬처럼 앉아서 섬을 바라보고 있다
끊임없이 밀려왔다 밀려가는 파도는
마음의 바닥을 뒤흔든다
해와 달이 품고 지켜주고 보듬어 주었던
내 고향 팔금도의 따뜻한 봄날의 시간이 가늘게 흐른다.

김은아 | 2011년 《시와사람》으로 등단/전국계간문예지 우수작품상 수상/시집 『흔들리는 햇살』, 『흰 바람벽』.

고경자

만약이라는 말 외 1편

아이는 태어나고 태어나지 못한
시간의 무늬로 살아가는 이방인이었다

모든 것은 경계에 머물러 정상이었던 시간은 짧고
비정상인 과녁을 향해 날아간 활시위처럼 떨림의 연속이었다

어떻게 시작할지 몰라 당황하던 순간들이
매번 담쟁이넝쿨처럼 담장을 넘으려다
실패를 거듭하고 나서도 또 기어오르는 개미들 같았다

아이는 눈꺼풀을 들어 올릴 힘이 없어 가만 감고 있었다
해가 바뀌어도 아이는 말 한번 하지 못했다

누구를 부르고 싶어도 부르지 못했기에
아프다는 말도 오직 표정으로만 할 수 있어
간혹 놓치기도 하는 노을의 잔흔 같았다

잠깐 한눈을 팔았을까

아니면 평온한 얼굴과 고른 숨소리에 너무 안심했을까
아무도 없었던 그 방에서 고른 숨소리가 바뀌었고
인공호흡기가 다른 손을 내밀었다

이제는 눈물 꽃이 피었다 져 버리고
아이는 다른 우주에서 아프지 않을 거라 안심이 되는 날이었다

프로텍티트 에어리어

삽목한 화살나무에게 아파트는 낮은 천장이다

뚫고 나갈 수 없는 단단한 창문은 낮은 천장처럼
둥글고 모난 곳이 없어 잎들은 힘없이 떨어지고 있다

잎들은 바닥과 천장의 거리만큼 날개를 펼칠 수 있고
서 있는 나무는 머리 위의 세계가 궁금해 더 높이 자란다

열매가 빨갛게 익어 가면 새들이 찾아온다
부러진 자신의 날개를 코르크 날개로 바꾸고
붉은 열매를 쪼아 먹은 새들은
당겨진 활시위만큼 팽팽해진 붉은 심장을 토해낸다

날 수 없는 날만큼 심장은 작아졌다

벽과 벽 사이에는 날아간 화살이 박혀있어
뽑아낼수록 더 깊이 박혀 벽을 쪼아대고 있다

아파트 베란다에는
낮은 물살로도 움직일 수 있는 작은 배가 있어
매일 아침 항해 지표를 입력하고

저녁이면 완전히 지웠다

화살나무로 바다가 된 베란다에
무심한 달빛이 노를 저으면
떨어진 잎들의 새벽이 찾아온다

새벽에는 모든 것들이 부활의 자세를 취한다
포근한 베란다에서 낮은 천장을 뚫고 나갈 날개들은
붉은 심장으로 만들어졌다

고경자 | 2011년 《시와사람》, 2017년 《나래시조》, 2018년 《아동문예》로 등단/시집 『하이에나의 식사법』, 『고독한 뒷걸음』, 『사랑의 또 다른 이름』.

김청수

귀를 씻다 외 1편

팔공산 어느 암자에서 붉은 녹을 덮어쓰고
가슴에 멍이 든 채 앉아있는
철제 여래좌상을 오래 바라본 적 있다

실타래처럼 뒤엉킨 인생길에
웃음을 간직하고 희망을 잃지 않고
나를 다독이며 살아간다는 건

날마다 바람에 귀를 씻고
강물에 귀를 씻기 때문이다

오늘도 나를 닮은 부처가 강물에 오래 귀를 씻는다

작별의 귀의처 2

상현달이 뜨는 초저녁 전갈을 넣었다
시한부의 인생 희미한 불빛
단풍이 입고 있던 붉은 옷을 벗어 던치는
등 시린 겨울의 길목
구천 길을 달리다가, 꿈길 속을 걸어가듯
의식과 무의식의 경계의 가쁜 숨결
영혼은 이미 강을 건너고 있었다.

차가워진 심장을
반야용선에 싣고 밤새,
눈물의 바다에서 노를 저었다

흰 두루마기를 걸친 만담꾼이
아지랑이 같은 이야기를
나에게 던져 놓고 손을 흔든다.

가슴에 상현달 다시 떠오르면
새벽길 달려서 온다고 한다.

사과나무를 사랑했던 사람,
하늘에 사과나무를 심고

밤하늘, 별이 되어 별빛으로 반짝거리는
문곡 시인*

*문곡시인 : 하늘의 별이 된 이세진 시인

김청수 | 2005년 시집 『개실마을에 눈이 오면』으로 작품활동 시작/2014년 《시와사람》으로 등단/창작과 의식문학상수상, 고령문학상, 대구의 작가상, 전국계간문예지 우수작품상 수상/시집 『개실마을에 눈이 오면』, 『차 한 잔 하실래요』, 『생의 무게를 저울로 달까』, 『무화과나무가 있는 여관』, 『바람과 달과 고분들』, 『귀를 씻다』.

김재영

기다림의 힘 외 1편

꽃이 떠나갔다
한 열흘 쯤 머물 것이라고
은근히 기대했는데
바람도 없는데, 사나흘 만에 떠나갔다

그것을 알기에 떠나기 전에
꽃의 이마와 뺨에 입술을 대고
뜨거운 꽃의 향기를 맡았다

꽃이 지고 나면
꽃과 우리의 사랑인 열매를 기다렸다
잉태한 아내의 배를 만져보듯
뱃속에서 툭툭 발길질 하는
푸른 열매를 기다리는 사이
기다림과 그리움이
열매의 단맛을 스미게 한다

세상의 꽃과 열매는

기다림의 힘이다
그 기다림이 다시 꽃을 피울 것이다.

왜가리

그늘마저 땀을 뻘뻘 흘리는
일년 중 가장 무더운 날
회산 백련지에서 축제가 벌어졌는데
소란스러운 세상의 한켠에 비켜선 것처럼
하얀 연꽃들 속에서 야윈 왜가리 한 마리
외다리로 서 있다

지네는 수십 개의 다리로 길을 가고
게는 열 개의 다리로 옆으로 가는데
소나 말처럼 네 발도 아닌
사람처럼 두 개의 발을 가졌음에도
외다리로 자신을 세우고 있는 왜가리는

무더운 여름 백련지 한 가운데에서
하얀 연꽃으로 피어난다
외다리로 쓰러지지 않고 서서
지긋이 눈을 감은 채 예배를 드리고 있다

김재영 | 2013년 《시와사람》으로 등단.

박판석

유리창 외 1편

간밤 어둠 속에 날아와
밤새워 문 두드리며
입 없이 울고 간 날개 없는 새들이
새벽 유리창에 붙어 떠나지 못하고 있다
방충망에 붙은 매미 같은 매지구름 한 장 응시하고
울고 간 이유를 듣지 못한 귀를 가진
히키코모리*
창문을 활짝 열어젖히자
수직으로 내리친 파도처럼
하얀 손톱자국이 주르륵 흘러내렸다
어! 어둑새벽에 밀려 몸만 두고 떠나버린
날지 못한 새들이 눈시울을 비비며
제 몸 하나 다스리지 못한
날개를 퍼덕이고 있다

*집에 틀어 박혀 있는 고립형 은둔자. 은둔형 외톨이

조급하다

노들강변에
누가 쫓아온다

회귀할 수 없는 길을 돌아보며
시간 속을 달린다
더 빠른 속도를 위해 바퀴를 달아
매일 구두끈을 고쳐 매는 아침
쫓기려 태어난 사람처럼

쫓아오는 이는 없다
착하게 따라오는 그림자를 이끌며
그림자가 증명하듯 나는 귀신이 아니다
평범한 스케줄 내가 나를 바라보며 달린다

가까운 것도 멀리 보내놓고
그리워하는 삶의 한 정점에 서서
조급하다는 신호를 보내며
산 넘고 물 건너
잠든 근육을 일으키며 달린다

일월日月은 쫓아오지 않는 손님

닿지 않는 높고 먼 곳에서
매양 한 길로 수억 년 두고 서서히 오갈 뿐인데
달아난다고 말하며
책상 위 달력을 넘긴다

홀로 가면서 동행한다고 말하는
짧은 생애의 뒤란
일월을 빗대어 불변한다고
비교의 칼날을 갈며 간다

노들강변엔
누구도 쫓아오지 않는다

박판석 | 2014년 《시와사람》으로 등단/시집 『새벽 산길』, 『도토리 열매 속에는 큰 산 하나 들어가 산다』, 『소년 오두산』, 『우울한 새 한 마리 날아왔다』.

이경은

나트랑 소녀 외 1편

대추 잎 만 한 허리
긴 눈썹 속에 웃음을 감췄다

바나나 속살만한 스물두살 소녀
다섯 살 아이 엄마라며
붉은 립스틱을 깨물었다

소녀의 손바닥이
배부른 여행자의 기름진 허벅지를
훑어내어 1달러짜리 밥을 먹는다

오만하게 뻰뻰한 흰 피부와
염치없이 탱탱한 근육덩어리는
소녀의 노동을 갈취한 형량의 무게다

거북등 같은 손바닥에
열이 오르고
서럽게 익혔을 서툰 한국 말
'괜찮아요,라는 질문에

'더 세게,라는 부끄러움을 저지르고 말았다

나트랑 소녀여
그 거친 손바닥으로
불량한 내 등짝을 사정없이 후려쳐다오.

돌하르방 그 구멍

동짓달 북풍으로 살고 있었다

바다의 깊이를 알았을 때
눈물 한 방울에도 바다의 염도는 출렁거렸다

천년씩 짠물을 들이키고도 아직도 싱거운 것은
세상의 입맛이 바닷물보다 짜기 때문이다
은유를 배우지 못한 너는 파도의 몸짓을 해석하는데 긴 세월이 걸렸다
귓구멍도 콧구멍도 눈구멍도 막힌 몸뎅이는 구멍투성이다

파도가 살풀이 손수건을 흔들며 휘몰이 장단으로 달려들 때나
상어떼가 날개를 치며 속살로 밀려 올 때도 구멍을 만들었다
살아갈수록
참아낼수록
몸피는 줄어드는데 구멍은 크고 깊어진다

세월의 삯이 구멍으로 채워진다

이경은 | 2014년《시와사람》으로 등단/시집『동근 초록을 쓰다』, 시낭송 교재 편저『시 소리꽃으로 피다 1,2,3,4집』.

정선우

눈사람 외 1편

언제까지 서 있을 거예요

나는 눈사람이라 불리는 사람

어스름과 노을이 한번에 도착한 저녁
밤보다 달빛이
찢어진 불빛이 살점보다 더 아프다

모자와 목도리를 두르고
발이 보이지 않는다

쭈그러진 털모자와
배낭에 주워 담을 밤이 필요해

언제 한번 큰 소리 질러 본 적 있나
입만 까맣게 벌리고 있었지

달이 굴러가는 소리 요들송

이를 다 드러낸 달
곁에 있는 아름다운 사람

소리 없이 눈이 내리는 숲

발목을 휘감은 바람
발목을 잡는 목소리
발목을 지우는 눈발

달빛엔 브레이크가 없다

슬픔에 젖은 목도리가 흘러내린다

아침이 몰려온다

나는 서둘러 떠나는 사람

기린을 기다리는 해변

의자는 조금 기울어져 있다
저것은 기린이 아니다

한쪽으로 구부러진
흰 소라껍데기가 빛난다
귀를 기울여 소리를 쏟아낸다

수평선이 상하로 펄럭인다

모든 것은 아무것도 아닌 것

해변에서 해변까지
뛰어가는 몇 개의 발자국

기린의 형식으로
목을 늘어뜨리고 몸을 최대한 낮춘다

어두워진다
기린은 아직 오지 않는다
지치지도 않는 파도

한번 가서
다시 오지 않는

모래 글자 위에 찍힌 발자국들

사라진 글자 위로 모래바람이 분다

의자는 더 기울어져 있다
이것은 기린이 아니다

정선우 | 2015년《시와사람》으로 등단/시집『모두의 모과들』.

강대선

혜픈 여자 외 1편

금동 성당 지나가는 길에
붉은 꽃 머리에 꽂고
지나가는 사람들 보며 웃는 여자
웃음이 헤프기도 하지
내 마음을 아는지 모르는지
그 여자,
나를 보고 헤픈 웃음을 웃네
헤프면 어때요, 웃음이 헤프면 어때요, 사랑이 헤프면 어때요
있어도 퍼주지 못하는 당신보다
안으로만 꽁꽁 동여맨 당신보다
이 헤픈 웃음으로 해와 달을 품을래요, 사랑을 품을래요
금동 성당 가는 길에
그 여자 헤픈 말이
모진 가슴을 징징 울리네
그래, 해픈, 해븐, 해픈, 해피, 해븐, 헤픈,
혀끝에서 해픈 해븐 해피가 해피하게 쏟아지네
가슴 동여맨 아픔도 헤쳐 풀어야지
한낮의 배롱나무꽃

그 헤픈 여자가 해피해피 웃네
헤픈 금동 성당 종소리가
천국으로 올라가며 웃네
사랑에 헤픈 십자가가 천국이지
헤퍼진 나를 보고
그 여자가
헤븐헤븐 웃네

고독한 뼈

안개와 바람에 점령당한 두물머리
지도에서 지워진 섬처럼
정박해 있던 페이지에서 글자들이 떠나가고 있어
떠난 자의 이름을 부르는 일도
타르초와 룽다의 깃발 아래
침묵처럼 바람이 떠나가는 일도
창조와 멀어지는 일
붉은 눈을 한 순례자는 히말라야를 바라보고
신전의 심장을 가르는 붓끝을 꿈꾸지만
묘비의 글자들은
밧줄을 건 사형수처럼
소멸을 향해 하나둘 끌려가지
대패질하듯 글자를
깎아도 사라지는 것은 아니어서
오색 깃발은 다시
바람에 나부끼고
아랄해의 갈매기는 태양을 안고 숨을 쉬지
문장의 돛대를 부수고
상상의 밧줄을 끊었던 고뇌는
붓끝에 말뚝을 박고
물결 위로 흘러가는 구겨진 살점이

바람이 되어 날아가는 상상의 뼛가루가
새의 입으로 들어가
자음과 모음의 날개로 살아가지
순례자는
땅속에 묻힌 노래의 뼈로
새로이 영혼과 육신의 옷을 입고
무릎뼈 같은
시로 극지의 별을 노래해
북쪽에서 날아온 경(經)이여, 바람이여, 까마귀여,
칼날이 깃발을 자르면
두 개의 깃발이 되어 날리고
희망을 자르면
두 개의 희망으로 나부끼리
순례자의 별은
불멸의 심장으로 남겨놓을지니
피에 굶주린 사자여
악기 없어도 울려 퍼지는 노래처럼
생은 다시 숨을 얻고
순례자의 영혼은 칼에 베이는 순간에
새의 영혼으로 태어나리
히말라야 정상을 향해 독수리는 자음으로 날아가고
라마의 피는 모음으로 출렁이지
룽다는 서녘의 끝을 향해 펄럭이고
깃발은 물에 풀린 영혼들의 글자를 날려 보내
살과 뼈는 다시 흙으로 돌아가고

순례자는 룽다의 깃발이 되어
죽음을 막 넘어온 아무다리야 바람
행간에서 나부끼는 오색의 깃발,
깡링*의 연주에
넓적다리뼈가 들썩이지

*인골피리

강대선 | 2016년 《시와사람》 등단, 2019년 〈동아일보〉 신춘문예 시조 당선, 2019년 〈광주일보〉 신춘문예 시 당선, 2020 제8회 직지소설문학상 대상, 2022년 제6시집 『가슴에서 핏빛꽃이』, 2022년 시수필 『해마가 몰려오는 시간』.

조세핀

침묵 외 1편

숨을 참지 않기로 했어

너를 여는 시간은 손끝에 박힌 가시 같아

익숙함은 늘 낯설고 폐허 같다
그 마음을 어쩌지 못하는 사람들은 서로를 바라보며
무지개처럼 순순히 허물어져간다

간극은 또 다른 간극을 불러 오고
멀리 던질수록 가까워지는 놀이를 닮아간다

늙어 앙코르와트로 갈거야
사원 앞 호수를 바라보며 구걸을 할거야

거친 숨 내쉬며 뱉어내는 너의 첫마디가
서툴게 삼켜버린 시간만큼 주름져 있구나

기도를 처음 배우는 수도승의 주문에는
아직 떠나보내지 못한 이별이 들어 있다는 것을

소리 없는 발자국을 마주하면서 알게 되었다

그늘 속으로 숨고 싶은 날이 길어진다
서로를 비껴가고 싶었던 우리도 그늘처럼 번져간다

침묵이 산등성이를 타고 내려와 고아하게 하품을 하는
저녁이다.

갠지스여

늙은 새들은 죽어 어디로 가는 걸까

이빨 뽑힌 어둠이 연기처럼 풀어지고 있다

그림자의 혀가 붉게 매달려 있다

말라비틀어진 귤의 껍질처럼 검게 변한
발목들이 춤을 춘다

손톱 밑으로 파고드는 노란 흔적을 화분에 심는다
한 줌의 물을 부어주자
어둠이 발바닥을 타고 오른다

강이 맨발로 달려드는 새벽
강의 머리에서 흰 그림자가 허우적거린다

펴지는 낯선 절규

직선을 사이에 둔 우리도
사랑하다 죽어가는 모든 이들에게
닿고 싶은 날이 있다

씰룩씰룩 꽃게가 되어 옆으로 걷고 싶은
그런 날들이 있다.

조세핀 | 2016년《시와사람》으로 등단/시집『고양이를 꺼내 줘』.

김병준

동지 외 1편

우리의 사랑은
겨울 팥죽처럼 펄펄 끓다가도
죽 떠먹은 자리처럼
표 안 나서 좋다

새알심같이 깊이 감추었던 사랑은
모락거리는 김으로도 넉넉한데
움츠린 겨울 뭉근히 익어가는 긴 밤
뜨겁고 찰진 정분을 어찌 잠재우나

눈

너도 아닌데
눈은 왜 이리
희고 맑고
부드러운가

소멸을 알면서도
온몸으로 내리는 눈
앞서간 이 없는 백지 위
단숨에 내두른 발자국 글씨
거침없이 쓰고야 마는
자유의 초서

김병준 | 2018년《시와사람》으로 등단/시집『거울을 보는 남자』.

조대현

파도의 유희 외 1편

해수면 위로 떠다니는 구름 한 조각 삼킨
허황된 꿈이 죄가 되었는지
목 쉰 울음이 일그러진 껍질로 남아
뼈도 없는 거품 위로 허물어진
봉분 앞에 흐느끼고 있다

무참해진 몸에 입김 불어 넣어
뼈와 뼈가 들어맞아 피가 돌고
관절을 꽃피울 눈독을 들이다
달도 없는 밤이면 아무도 몰래
화색이 시퍼런 나신의 희멀건 관능을
조건 없이 내어 보였다

검푸른 서식지의 황홀한 입질로
헤픈 사랑에 푸른 심해를 덜컥 삼켜
소화되지 않는 슬픔을 여태껏 버리지 못하고
투덜거리는 허망한 구름의 흔적처럼
아픔 바다가 흘리는 응어리진 눈물은

흩어져버린 파도의 슬픔인지도 모른다

날마다 파도는 늑대의 울음소리를 달고
거센 풍랑의 시샘을 안고 갖가지
해풍의 발자국 따라 출렁거리는 순정으로
쏴아쏴아 파도의 주름진 숨소리에
허기진 진통이 익어가는 유희의 순간
허연 알몸으로 낭만의 씨앗을 뿌린다

하늘빛 당신의 마음

– 청상으로 맞은 팔순에

시간은 바람 나간 빈집이 되어
시퍼렇게 벼린 각들을 세워
망망하게 허둥대던 세월
당신 내면의 그리움이 탈진할 때
심장을 태운 푸른 빛 슬픔은
시름시름 어둠을 적셨던 밤이 얼마였던가

세상을 휘돌아 멀어져 가는 시간들 속에서
눈 없는 물고기로 적막에 길이 들어
마음까지도 지그시 녹슨 문을 열고
비어낸 인생길에 가슴으로 걸어둔
설렘으로 가득한 거울 앞에
두근거리는 그리움은 오죽 하였으리오

거친 세상의 그늘이 되면 그뿐인 나무처럼
조금은 서두름 없이 해마다
남몰래 나이테 하나 그으면서
그냥 자기다운 삶의 빛깔로 내 딛던 걸음
당신의 향기는 산촌에 가득 하더이다

모질고 거친 세파 속에서도
어느새 하늘빛 사랑으로 물들어
하늘의 뜻으로 살아온 임이시어
이제 모든 시름 내려놓으시고
오직 믿음의 삶 안에서 날이면 날마다 새롭게
파란 하늘빛 가슴에 품고
만수무강 하소서.

조대현 | 2018년 《시와사람》으로 등단/2021 평화방송 신앙수필 우수상 수상/시집 『머나먼곳에 소금산이 있다』.

김성룡

활자, 튜닝하다 외 1편

창은 시야를 가늠하는 바로미터
흐려지는 건 미세먼지 탓이 아니었지
멀어지는 별을 지켜볼 수 없어
구조조정하기로 하였지
다육식물도 창을 좋아하여
예리함에 꽂히는 성격이 거들었지
문제는 프레임이었어
돋보이는 멋은
다중창이 대세라는 것
별빛의 선명도가 우선이라 하였지만
검정 플라스틱과 금색 메탈이 융복합한
빛의 아우라에 빠지고 말았지
그날 이후 환골탈태한 안경을 닦으며
창밖의 시선이 너그럽기를
조율한 활자(活字)가
활발발한 은혜 충만하시기를
아침기도 드리듯 하고 있지

물통의 고백

밤중 창밖이 우심경을 읊조리더니
그 은혜 빗물 되어 스며듭니다
물 한 방울도 어찌할 수 없어
물 쓰듯이 하는 재주를
어느 행성 어느 행간을 거닐다
이렇게 찾아오시다니요
지난 겨울 동복댐의 아침 안부 쟁쟁합니다
수심이 내려갈수록
근심이 깊어가던 나날들
비로소 깨닫게 되었습니다
나를 키운 건 칠 할이 물이었어요
칠 할이 물통인 몸통이 행세하며
차를 마시고 영화를 보곤 하였습니다
물을 어루만지며 시시덕거리고 시를 썼어요
오늘은 무슨 옷을 입을까
점심 메뉴는 뭘로 할까
물통의 스펙만을 살피면서요

김성룡 | 2018년《시와사람》으로 등단.

임 린

달에게로 간 타이어 외 1편

벼랑 끝에서 선창이 운다
뱃머리가 들어서는 선착장에서
낡은 몸으로 충돌을 방지하는 둥근 고무신
길들인 바닥의 두께가 감당하지 못한 질주에
전역한 낯선 부두
훈장 같던 상채기에 바다가 쓸릴 때마다
움찔 움찔 통증의 눈물이 소금끼를 게워낸다
바닷물에는 늘 기쁜 것과 힘든 것
아픈 것과 슬픈 것이 한데 엉켜서 짜다
만선의 포만 헹가래 한켠에
새벽에 입항하는
빈 배의 눈썹이 떨리고
외발로 매달린 신발들의 눈물도 있어 갯멧꽃으로 핀다
배들이 들고 날며 퍼렇게 출렁거리는 해벽에서
모빌의 신발은 불침번 되어
선창이 등대처럼 쓸쓸해지는 조금 저녁이면
바다 흐린 얼굴은
어쩌지 못한 말들을 하얀 거품으로 날린다

내일의 풍어를 기원하는 어부
선창 끝에서 만선을 기원하는 갈매기
붉게 탄 수평선이 긴목을 주억거린다
검게 굽던 낮의 얼굴이 둥그렇게 자란다
달뜬 밤 입술 주위로 투과한 환한 원반
길어졌다 짧아졌다
비워낸 속도의 그림자가
항아처럼 초연하다.

*항아 : 달의 여신, 월궁이라 불리기도

갠지스 강의 구상도

십사억 인도의 신비
강 가 불타 올라
구상도의 계단 가장 낮은 곳에 발목을 담그고
뼈의 구릉 하구를 이룬다
불꽃 디아도 릭샤에 부딪힐까
물비늘 그늘에 날아드는 흰 재
그 사이로 흰옷은 어른거려
강물에 목욕하는 사람
정좌하고 명상하는 사람
미쳐 다 태우지 못한 주검을
강에 흘려보내는 사람
힘겹게 몸을 트는 수천 키로 강줄기는
원소로 환원하는 피안의 세계로 흐른다
물질의 잠에서 깨지 않음으로
비로소 아침을 맞이할
물화 된 사과가 하트 모양으로 축조된다
피안과 차안의 경계를 따지지 않는 그들
삶 속에 죽음이 있고 죽음 안에 삶이 있는
사라의 탯줄 속에 무슨 꿈이 서릴까
강의 길이만큼이나
따가운 불티만큼이나

몸에서 불로 물에서 흙으로 다시 태어나
보이지 않는 것을 보게 될 옷 벗은 영혼
저리 니르바나로 가는 여정일까

임린 | 2018년 《시와사람》으로 등단.

변재섭

다랭이마을 외 1편

남해를 내려다보고 있었다
어머니의 앞치마
쪼가리 천을 이어 만든
그 잇대어진 길을 따라
흔들리는 사막의 배를 타고
리듬에 맞춰 느릿느릿
붉은 노을 속으로
흘러 들어갔다 눈앞에
펼쳐진 소금 사막을 지나자
개망초 꽃밭이 맞았고
개망초 꽃밭을 지나자
봉숭아 꽃밭이 맞았고
봉숭아 꽃밭을 지나자
양귀비 꽃밭이 맞았다
양귀비 꽃밭을 지나자
그 끝, 우두커니
일출을 바라보고 서 있는
흰 옷의 젊은 아버지가 보였다

잠시 수평선을 바라보았던가
배에서 내려 신발을 벗었다

성냥

성냥개비 하나 꺼내
불꽃을 일으켜
아궁이에 불을 댕긴다

두리반에 옹기종기 둘러앉아
빈찬貧饌에도 수저 부딪는 소리,
마른 논에 물차는 소리

밥이 되고 국이 되는 사이
골강骨腔에 골이 하나씩 빠져나가는 걸
그녀는 알고 있었을까

가슴 울리던 시절은 어느새
치마폭을 바람처럼 다 빠져나가고

몇 개비 남지 않은 터엉 빈 몸
축 늘어져 내린 뱃가죽에 불꽃이라니
도저히 가당치가 않아

요양병원에 누워
기억이라곤 좁쌀 한 톨만큼도 없는

누군가 주는 밥그릇, 여력을 다해 비우고 있다
가월 누르는 고요에 갇혀

이제, 마지막 불꽃이 피어나면
바싹 마른 인사와 함께
허울마저 불길로 날아갈 일만 남았다

변재섭 | 2019년《시와사람》으로 등단/시집『동그라미』,『사랑에도 안개 자욱한 날이 있다』,『강물의 자궁』.

조경환

어떤 응수 외 1편

본대로 쌓아둔 대로 기억을 역순으로 헐고자 하였으나
기억하라 실력을 쌓으라로 길들어진 암기법이
헐어야 할 되감기에 눈을 부릅뜨네
해지지 않도록 시간마저 습기처럼 모조리 빠져서
역순을 허락받기 쉽지 않네

제 짝을 부르는 신호음이든지
제 통점을 지워내는 몸부림일 거라며
이름 모르는 새소리에 대하여도
의미로 고깔을 씌워놓았다는 것이어서
틈 메우기 굄돌처럼 헛소문도 버텨주던 뒤끝이 흔들리네
그가 건넨 인사들 죄다, 의례적 인사까지도
네메시스의 손끝이 닿지 않는 어제가 좋네

어느 소멸과 어느 명패의 간격 사이에 주인처럼 서 있지만
뒤안길 궁금해할 그를 위하여
온전히 빈 주머니를 받아적고
딸꾹질하는 나를 그에게 보여야만 하네

그 후에 나는
풀리어나네.

당랑蟷螂의 하루

비주얼에 끌렸다
말보다 비주얼이 업무를 정확히 설명했다
새로 부임한 우리 팀장님
그녀의 업무지시가 전혀 부당하지 않다는 것을
바람이 먼저 안다

흔들리다 누울 방향은 언제든 바람이 정한다

그녀의 업무지시는 백색소음 매미소리
사마귀가 참새에게 먹혔다는 뉴스는 아직 없고, 누가 열광하겠나
퇴근길 노을빛이 현란하게 출렁인다
여팀장이 까칠하여 당랑거철蟷螂拒轍 직전에 멈췄다며
아내에게 엄살떨어두었다
무모한 비밀을 조용히 챙겼다
혼자 가만히 웃었다.

조경환 | 2019년 〈광남일보〉 신춘문예 시 당선, 2021년《시와사람》시로 등단.

차행득

평면으로 사는 일 외 1편

고흐의 말라비틀어진 훈제 청어도
어림없는 일이었기를

질박한 색채와 굵은 선의 납작한 엎드림은
풍상을 겪으며 세상을 내려다보는
선운사 마애불쯤 되었을 것인지

화폭 속 두터운 질감의 굴비 두 마리*
몸이 겹친 채 도마 위에 엎드려
평면의 삶을 살아가고 있다

결혼 선물로 왔다가 팔려 나간 몸이
서울과 파리를 오가는 솟구친 몸값은
수직 사연을 꾸덕꾸덕 말리면서
놀란 눈빛을 하고 있다

밥상에 올라 온
사소한 굴비 두 마리도, 나의 가난도

수직으로 솟구쳐 오를 수 있을지

근근한 생계의 목구멍을 꿀꺽 다시게 한
화폭 속의 이야기가 숨을 쉬며 팔딱인다.

*박수근 화백 〈굴비〉 그림을 선물 받은 지인은 그 그림을 2만 5천에 팔았다가, 30년 후 2억 5천만 원에 되사서 박 화백 미술관에 기증했다고 한다.

슬하의 10월

가지 말라는 사람도
오지 말라는 사람도 없었던 거리
이리 밀리고 저리 밀리다
나뒹구는 낙엽처럼 짓밟혔어
서로가 서로에게 짓밟히느라
아무도 잡아주지 못했던
슬하의 10월에

살려달라는 아우성을 듣는 귀들은
닫혀 있었고
캠핑장에서 삼겹살에 소주 맛이 달달했던 서장은
수행비서가 몰고 오는 세단을 기다리는 동안
핸드폰을 바꾸느라 바빴다네
폼도 잡아야 하고 증거도 없애야 하는 그들의 시간 동안
10월은 주검 위에 주검을 쌓아야만 했어

제 할 일과 제 자리를 지켜야 했던
10월의 사람들이여
나뒹굴다 검게 타들어 가던
10월의 슬하에

그들이 흘린 피는 새순의 거름이 되어 더욱 힘이 세지고
허물을 덮으려 발버둥 치면 칠수록
빨갛게 타들어 갈 것이라는
우리들의 피 묻은 얼굴 위의
그 10월의 슬하에

차행득 | 2015년 『월간 see』 '추천 시인상'으로 활동, 2020년 《시와사람》으로 등단/시집 『그 남자의 국화빵』.

강나루

思春의 거울 외 1편

저 거울 때문이다
모범정답이라고 믿었던 거울 때문이다

객관식이든 주관식이든
망설임 없이 문제를 풀이해주곤 했다. 가령
나의 귀와 눈과 입을 사실적으로 묘사했다,
세수가 끝나면 틀림없이,
거울을 바라보는 일은, 의심할 수 없는
관습이었다, 마치 대대로 내려온 가훈처럼 우러러 보는
가문의 내력이었다, 효자문이었다, 열녀문이었다

그러므로 내가 아버지의 거울이라고?
저 낡은 족보처럼 살아가라고?

잘린 오른쪽 귀를 왼쪽 귀로 보여준 거울을
고흐는 박살내 버렸다,
가까운 거리를 멀리 보여 준 백미러 때문에
나를 감싼 범퍼가 깨졌다,

자신보다 더 강력한 불빛을 만나면
무용지물이 되고 마는 사실에 분개했다.

오랫동안 휘감고 도는 핏톨에 숨겨진 CCTV로
감시하고 있었다. 전통과 관습으로
내 의식의 세포와 감정을 녹화하고
조종해도, 나는 아버지의 유전인자를 물려받았으므로
말씀에 순종하는 착한 소년이었다.

그러므로 내가 아버지의 거울이라고?
저 낡은 족보처럼 살아가라고?

차마 별을 보지 못한다

영혼이 아름다운 사람이 죽어
하늘의 별이 된다는 말을 들은 적이 있다
스모그가 끼어 지상이 시커멓게 그을린 날은
맑은 영혼을 지닌 별들조차
마음에 먼지가 낄까 봐 두 눈을 감는지
하늘이 시커멓다

언제부턴가 하늘을 보는 일이
부끄럽다
더러운 세상에서 진창길을 건너온 나는
차마 하늘의 별을 볼 수 없다
더러운 것을 많이 보아온 나의 영혼으로
별이 더러워질 것 같기 때문인데
갈수록 흐린 날이 많아져
다행이다

며칠째 비가 내린다
별들의 눈물이
세상을 헹구는 것일 게다.

강나루 | 2020년 《아동문학세상》 동시, 《에세이스트》 수필, 2020년 《시와사람》 시 등단. 시집 『감자가 눈을 뜰 때』, 에세이집 『낮은 대문이 내게 건네는 말』, 동시집 『백화점에 여우가 나타났어요』, 연구서 『휴머니즘과 자연의 수사학.

이상범

꽃잎, 지다 외 1편

습기 없는
콘크리트 담벼락을 오르며
압사의 생지옥에서
살려 달라 외쳤는데
대답이 없었다.
아니,
오지 않았고 직무를 유기했지

부러진 바람을 타고
유폐된 꿈의 봉지들이 널브러져 있다
아니오, 만 외치는 거짓나부랭이들
누구도 책임지지 않은 그곳에
국가는 없었다.

동상 걸린 마음들
법의 잣대로 헤집지 마라
아픈 고사리 손
우리 새끼들이다

피우지 못한
꽃봉오리 밟아 놓고
영정 하나 없이
거꾸로 걸린 리본들
핏빛 어미의 목소리
정녕, 안 들리더냐.

다순봄은 오는데
눈보라 수수 꽃
봉인 못한 백오십구 천개(天蓋)*
통수권자에게 다시 묻는다.
왜, 그렇게 해야만 했냐고.

*관의 뚜껑

외상으로 걸어 둔 열 냥의 마음이 따라왔다

가거든 오지 마이소
얽어지고 해진
지난 저녁도 가져가시오
온다는 기별도 하지 마이소
이미 지난 가을에
밀납의 우체통에 집어넣었소.
마음에 봉인한
추억의 외상값도 갚으려 하오
골목이 걸어오는 모퉁이에 걸어둔
한 움큼의 연서도 가져가시오
온 것도, 떠난 것도 그대라지만
지우는 건 내 몫이라
계절이 전해주는 안부는
허락하리다
그대에게 물들던
첫날처럼,

이상범 | 2020년 《시와사람》 시로 등단.

박덕희

동안 외 1편

쨍한 햇살이 아까워 널어놓은 이불
하루살이 한 마리 날아들어
툭 쳐서 날려 보낸다는 것이 그만,

눈곱만한 몸 어디에 탱탱한 꽃물 들이고 있었는지
흰 무명에 그어진
선명한 붉음

수천 날갯짓 동안 사랑을 나누는 동안 오르가슴에 도달하는 동안
죽음을 맞는 동안 하루살이 수많은 동안을 지탱했을 붉음
휴지 한 조각으로 쓰-윽 닦아내는
일생이 지워지는 동안

한낮의 해가 산을 넘어가는 동안
슬하에 모여든 모든 것들의 촉수를 데우다 지는
무명에 물든 해의 붉음이 사그라드는 동안
눈시울 붉은

이별은 푸른빛

아까시 가시도 이별을 예감한 듯 단단해지네요
찔려 봐야 뭉게뭉게 꽃숭어리만 피어나는 오월은 이별에도
갓 지은 꽃향기가 진동하네요

진달래, 산벚, 개나리, 당신의 알뜰한 복사꽃은 이파리 피기도 전에
부풀린 풍선에서 바람 빠지듯 지는 건 순식간이군요
참 황홀한 헤어짐이네요

침을 삼킬 때마다 목구멍이 아파요
이별이 보내는 수신호 같아요
기쁨에 기대어 웃던 날이 봄날이었군요

한 장 남은 사진 속 당신은
잔가지 하나 흔들리지 않는 표정이네요

먹고사는 일로 뼈째 찢기고 발리던 당신을
목구멍에 걸린 가시 뽑은 듯이 이제는 웃으며 보내드릴게요

아까시는 슬픔을 먹고 자라느라 뿌리가 억센가 봐요
싱싱한 눈물이 사방팔방 피어나네요

다행이어요
이별이 못내 푸른빛이어서요

박덕희 | 2020년《시와사람》시, 2009년《아동문학평론》동시 등단/동시집『호랑이는 풀을 안 좋아해』.

가은

흰동백 외 1편

- 홍도에서 너를 보았다

하늘과 바다와 그리고 너
면벽의 겨울은 실낱같은 희망을 품고 홀로 낯설다

오늘따라 눈이 무시로 내리고
길을 잃고 떠도는 너에게
봄을 이야기하고 싶으나 그것이 더 절망일 수 있겠다

비밀스런 사랑*

한때 가슴 울렁이던 사랑이 있거든
백설 아래 묻고 후박나무 숲길을 지나 환한 청류에 들자
붉게 물든 석양빛 따라
흘러흘러 옥빛 바다에 여미고 영영 돌아보지 마라

몽돌처럼 둥글린 세월을 견뎌야만
기다림의 흔적도 사라지리니

그래도 못내 아쉬운 이별이 있거든

이제는 피붉은 동백으로 피어나
동박새 품에서 뜨겁게 머물거라

*흰동백 꽃말

들꽃처럼 살다 환하게 지다

해피맘 요양원 근처 몇 평 남짓한 텃밭

둥글게 뱃골 접힌 아담한 체구를 끌고 호미질하던 손길
노란 세상 어디선가 불쑥 일어나 주름 가득 웃어줄 것 같은 후미진 길목에 총상꽃차례 황색 갓꽃 시들 줄을 모른다

조곤조곤 밀던 유모차
버석한 어깨 위로 실낱같은 햇살 비추고 무게를 헌납한 쭈글쭈글한 엉덩이 실바람에 거푼거리던 날
두 발로 지탱할 힘이 달리는지 털썩 주저앉아 허우적거리는 멀고 먼 태생의 속절
하늘 아래 씨앗처럼 떨군 모정에 수없이 흔들린 허탈한 마음은 쓸쓸한 그림자의 다발성 오류를 알기나 할까

그 가냘픈 삶의 마지막 영혼이었을

먹음직한 약성을 품고 소담소담 자란 봄갓
제철인 김장철에도 소환되지 못한 파리한 족속
이제나저제나 지칠 법도 한데 긴 동사의 결박을 풀고 기다림의 환몽은 오가는 길을 재촉하지 않는다

긴 그림자와 짧은 이별
살랑거리는 꽃길을 해부하고 나 거기에 명패 하나 걸겠다

‘들꽃처럼 살다 환하게 지다’

가은 | 2021년《시와사람》시로 등단/시집『봄, 바람에 기울다』.

김귀례

일찍 단풍이 들었을 뿐이라고 외 1편

속도를 바꾸었다

베란다는 미리 흐느낌을 흘리기 시작했다
그녀의 작은 발처럼 제라늄이 굳어갔다

아침 식탁은 절마당처럼 고요했다
종달새처럼 아침을 깨우던 밥솥이 멈춰섰다
주방의 헐거워진 수도꼭지는
설사를 참고 있는 것처럼 웅크리고 있었다

새벽의 거실은
수직에서 수평으로 자리바꿈 하고 싶은
그녀의 침묵 신호에 공감했다
안방의 커튼도 침대도 함께

괘종시계는 비밀 결사대처럼
그녀의 아들을 깨우지 않은 채
어둠 속에서 입을 다물었다

남편은 새벽배송으로 아파트를 오르내리고
중환자실에서 아침에 퇴근하는 딸은
그녀의 저녁과 만나지 못했다

현관에서 침묵하는 뒷축 닳은 운동화는
구급차가 처음이자 마지막 치장이었다

흙더미처럼 말이 없었던 그녀
영정 사진 속에서 분꽃처럼 웃고 있다
희미한 등불처럼 소심함만 켜두었던 그녀가
가만히 말을 걸어온다

초록과 단풍이 주거니 받거니 하는 시월
우리는
칸타빌레*의 속도가 다를 뿐이라고
일찍 단풍이 들었을 뿐이라고

*칸타빌레 : 노래하듯이

오독

단 한 번도 묻지 않았지

빗소리만 들리면 가슴이 콩닥콩닥
짝짓기만을 위해 땅 위로 기어 올라온다고
그래서 너희들의 귀향 따위는 터무니없다고 예단했지
포식자 같은 땡볕에 의한 헛된 죽음일 뿐이라고

너와의 첫만남은 삼십 년 전
시골학교 시멘트 계단의 널부러진 죽음이었지
예초기가 지나간 풀밭 같이 피멍이 들었었지
오늘 공원 산책로에서의 해후는 피난행렬 같았어
매미의 떼 창에 빠져 그때처럼 또 밟을 뻔했지

마르고 구부정한 노인의 꼬챙이가
동백나무 숲으로 조심스럽게 너를 옮기는 걸 보았어
눈물이 핑 돌았어 성호경을 그었어
노인은 공원을 한 바퀴 돌며 너희 모두를 구한 후
가까운 나무들에게 기도를 부탁했지
나는 그동안 공원을 네 바퀴 돌았어

흙을 먹고 토하고 헤집어야 하는 슬픈 사랑과

비온 뒤 목숨을 건 오체투지를 손가락질 했지
걱정 없이 체온이 유지되는 땅 속을 버린 채
불볕을 포복한다며
너의 절박함을 수박 겉핥기 했지

작은 흙 알갱이들과 손잡고
네가 만든 떼알구조 덕분으로
식탁이 채워지는 것을 잊은 것처럼

열탕과 혹한 속 외국인 노동자들의 비닐집이
태풍으로 무너지는 그 참담한 소식은
여우비처럼 바로 소멸되었지
피멍이 든 지렁이 같은 그들이 기른 채소와 쌀이
저녁 밥상을 차렸어

그들이 정독되어야 하듯이
이제는 네가 정독되어야 할 시간이야
밟으면 꿈틀거리는 것들과 함께

김귀례 | 2021년《시와사람》시로 등단. 시집『촛불』.

최은수

아침이 없는 아침 외 1편

계단을 내려가는 것이 아니었어
공중에 떨어지는 몸
여러 번 공처럼 튀기며
위로 아래로
아래로 또 위로

핏줄이 부딪쳐 투시되는 소리
뼈가 깨지는 것 같아
마디가 갈라지는 것 같아

형틀을 메고 너덜거리는 머리
피부가 찢어질 때 너에게 들리는 소리
벌거벗은 채 사라지는 윤곽들

초침이 오가는 사이
네가 되어 천천히 흘러가
무심코 고개를 들면
다시 덮치는 너의 죽음

땅거미 위로 어김없이 찾아와
침대로 스멀거리며 올라와
죽은 듯 누워 있어
옆을 읽고 있어

켜지마
어둠이 소리를 낼 때
보지 않아도 보는 것 같아
몰라도 아는 것 같아
언제부터 네 곁에 있었는지
바뀌어 가는 네 모습의 나

그만
마주 붙은 끝이 말해
나를 끌고 가는 너
마주하고 싶지 않아

망설임 없이 칼집에 너를 꽂고
획마다 일어서는 칼
칼을 품고 일어서는 날
죽어야 살 수 있을까

아침이 없는 아침
죽으러 가는 아침

별거 없어요

섬진강 어때요 물으면 글쎄요 다 비슷비슷하지요 말은 그렇게 건넵니다만 그런 말 하는 와중에도

눈앞에 긴 자를 펼쳐 지평선 둘레를 눈동자 하나에 담습니다. 섬진강 안개와 지리산 봉우리, 봉우리와 구름, 구름과 산그늘, 산그늘과 그림자, 그림자와 자오선이 강바닥에 집을 짓고 부수지요. 한낮을 건너느라 까매진 새가 붉게 태운 하늘을 노 젓는 곳. 나룻배가 포구에 다리를 걸치면 하얀 달이 서려 낮과 밤을 오독오독 씹으면 계절이 한 장 한 장 스쳐 가는 곳. 지리산 폭포를 맞은 물이 굽이굽이 손톱처럼 파고드는, 찬 얼음에 틀어진 빙설 아래 물의 살갗이 처연해지는 곳. 동여맨 머리를 풀듯 봄기운이 강물을 이고 매실향을 뿌리며 산능선을 오르면 딸기를 먹던 새가 꽃잎을 떨어뜨리는 바위. 바위를 두 발로 디디면 머리카락을 훑는 바람이 수작을 걸 듯 말 듯 신선처럼 지나가는 곳…… 이랄까요 그런 일이 종종 있습니다

최은수 | 2021년 《시와세계》 시로 등단.

손은주

외눈박이 비늘 외 1편

얼룩으로 번진 밤의 수의를 펼쳐봐
저녁별이 역한 냄새를 버티고 있는 시간

회색 수염에 달라붙은 비늘
헐거워진 족보를 끌고 올 거야

축축한 물고기들 잠에서 깨어나
도마 위 흉터가 되고 있어
비린 냄새 튀어 올라 지느러미를 숨겨야 했어
엄마의 파스 냄새가 목선 타고
물위를 건널 때 손가락 마디가 아파왔어

혀끝에 맴도는 외눈박이 비늘 뱉어내면
바깥의 비린 문장들 별의 내장을 먹어 치우지

몸속에서 수만 년 구른 당신이 떠났다는 말
핏빛 칼자국으로 번졌지

달이 웃으면 새로운 이야기가 피어날 거란 소문

낙태한 겨울이 새벽 세 시 바다의 허리 비틀 때
억척같은 자궁들 또 다리를 건너고 있어

타로 카페로 가요

들켜버렸어요
은밀한 유혹 숨어들어 빨간 입술이 하얘지도록 이야기를 썼던,

손금 선명한 당신 이름의 고리 자를 거예요

2악장 안단테 칸타빌레 귀에 눌러 붙었어요
쏟아지는 기억을 뱉어낸 별의 점, 눈 밑 풍경이
점 · 점 · 점 입으로 스며들어요

그렇게 우리 타로 카페로 가요 빗방울은 두 번째 구름의 웃음

겨우 막차를 탈 수 있겠죠 비를 펼쳐놓은 바다,
그 섬의 푸른 멍 자국은 파도가 진열한 흔적

물의 탭댄스가 시작되면 발 없는 그림자가 석양을 털어낼 거예요
선홍빛 첫 생리 누가 훔쳐 갔을까요?

바람에 스며든 새빨간 눈물점 떨어질 것만 같아

이젠 정말 안녕

손은주 | 2022년 《시와사람》 시로 등단/경북일보문학대전상, 전국이조년백일장 문체부장관상, 동서문학상, 텃밭시학상 수상/시집 『애인을 공짜로 버리는 법』(아르코 문학나눔 우수도서 선정).

하현주

소구령 가는 길 외 1편

창문을 열고 달리는
국도변에 비명이 들린다

흠칫, 쳐다본 곳에 작은 거북처럼
쌓이며 흩날리는 생풀들

한여름 땡볕에도 허리를 곧추세운
허드레 생명이 예초기에 잘려 나가며
내지르는 울음이다

나도 저 새파란 피의 냄새를 안다

봉분에 잔디를 입히며
월령 언저리 생풀을 낫으로 벨 때
그 냄새다

비석 옆에 동백나무 심으며
땀을 훔칠 때 온몸에 배어들던
그 냄새다

아직 떠나서는 안 되는 당신을
가슴에 묻고 덕곡못을 내려다보는 내내

잘리기엔 너무 아픈 것들이
속수무책 국도를 푸르게 물들이는 내내

소구령 가는 길

오르막길 꼭대기마다
이정표처럼 당신이
우뚝 서 있다

벵골고무나무 앞에서

지난겨울 내내 베란다에서 살았던 벵골고무나무 한 쌍이 얼어 죽었다. 크지 않은 화분 안에서 서로 빈자리를 내어주며, 1미터나 넘게 자라던 뿌리가 다른 두 그루였다. 손바닥만 한 잎들이 동시에 떨어지더니, 쩍쩍 거북 등처럼 메말라 갔다. 나는 봄이 되어도 차마 버리지 못하고, 무슨 회개하듯 생각날 때마다 조금씩 물을 주었다. 세상은 앞다투어 만발하지만, 절정은 언제나 짧다. 꽃들에 취한 봄 끝 어느 새벽 어스름에 나는 보았다. 흡사 당신을 처음 본 도시의 골목이 그랬을까. 녹색 대문을 빼꼼 열고 나오던 단발머리처럼 연하디연한 잎이 고개를 갸우뚱한다. 엇비슷한 긴 몸통 두 개를 같은 크기로 싹둑 잘라낸다. 무슨 약속처럼 새끼손가락만큼만 남겼다. 그러나 나머지 한 그루는 아직 감감무소식이다. 이 모든 일이 당신이 떠나고부터 벌어졌다.

하헌주 | 2022년《시와사람》시로 등단.

홍영숙

무소유 외 1편

유리병 속에 가부좌 튼
덩그러니 갇혀 우는 새 한 마리
좁은 입구로 오롯이 꺼내려는데
여간 안 풀린 스무고개 아니니 백팔번뇌다

한 덩어리 지식도
한 보자기 지혜도
두리번거린 생각들 실타래로 뒤엉킨다
노을빛 줄기도 넣어 본다
거미줄 타는 마법사처럼 용케도 살아나오기를

큰 어르신이 내려준 화두
입으로 떠돌던 새의 멀미 휘어잡으면
요동치던 세계는 늘 푸른데
오늘은 박하향처럼 환하다
백방의 애씀이 헛되더니만
번쩍 마음의 눈 떠지는가
지층처럼 굳어진 마음 쓸어내리니
공空 원래 비움 자리인 것을

문득
내 양 겨드랑이는 비막이 돋는 중
보드란 날개 깃털이 보풀어 오른다
—이제야 가벼워집니다
—오랜만에 텅 빈 충만입니다
—무소유 스님

난 적이 없는 새
날아서 귀소 중이다

환절기 표정

지상에 머물다 갈 유순한 몸
옹이에 막힌 자리 연신 콜록댄다

어떤 권위로도 나이테는 못 멈춰
가지가 묶인 채 허공을 가른다

우아한 이력도 청춘의 한때
낯선 눈길들 환호 앞에서 목이 탄다
깊어지는 불안증에 그림자도 흔들리는데
걸머진 십자가로 버티며
사슴뿔처럼 비명도 못 지른다

떠나보내기도 떠나기도 하는 세상
뿌리를 거머쥔 채 가쁜 호흡 중이다
묶였던 몸 풀리고 비로소 찾은 자유
길게 누운 햇살이 안아준다

마른풀 사이에서 애기똥풀 초록 꿈
봄, 봄이라며 살며시 눈짓하는데
이제야 눈 뜬 민낯 사랑 가슴에 담고
온갖 구두점을 찍는 분재

꿈을 헤매며 푸른 시어 찾는다

홍영숙 | 2022년 《시와사람》 시로 등단/공무원연금 문학상, 기억하라 오월 콘텐츠 경연대회 최우수상(시、시극), 광주서호시화전 서구청장상, 시에그린 문인 백일장대회 대상 수상/시집 『사랑 꽃으로 피고 외로움 잎으로 지다』, 『조각보를 깁다』.

정애경

백두산, 칼데라 호 외 1편

실루엣에 가려진 백두산 천지는 알몸을 쉬이
내어 보여주지 않았다
나의 첫날밤처럼

어둠이 극렬히 드리운 낮
심술 고약한 비바람 텃세에 움츠린 어깨들 사이로

간절한 희망의 불꽃을 당기며 뚜벅뚜벅 걷는
천개의 계단 아래 이름 없는 야생화 무리 지은
천국, 지상낙원

천릿길 한 걸음, 한달음에 달려온 이곳
한눈에 잡힌
하늘에 떠 있는 온화한 눈빛, 파란의 호수

경계 없는 산 허리를 휘감아 도는 바람의 눈
아직 허물지 못해 에둘러 달려와 안겨보는
넉넉한 골 깊은 처녀 가슴

해도 달도 별도 무시로 내려와 물맛을 느끼는데
빙 돌아 흐르는 젖줄기 따라 천신만고 끝에
개벽한 천지를 눈에 품었다
그날 너를 품은 첫날처럼

굽

깊은 밤 무게를 끌고 집으로 가는 길
해진 뒷굽에서 울음이 들렸다

하루를 걷다 기억을 상실한 수많은 길 위에 찍힌 발자국

애써 외면했던 너덜너덜 찢긴 비음이
적막을 흔들 때

어둠을 찢고 고요히 흐르는 어제의 과거가 별을 세고

조금씩 닳던 지면의 마찰음이 허공을 튀어
오르면

한 겹 가벼워져
풀썩, 내려앉는 밤의 소음

문을 열면 그제야 뚝, 멈춘
해진 굽, 울음

정애경 | 2022년 《시와사람》 시로 등단/시집 『도둑 고양이가 물고 간 신발 두 짝』, 『발칙한 봄』 외.

신수진

여름에 사라진 것 외 1편

입김 속에는 여름이 있다

여름에는 그늘이 있고
있는 것들이 불어온다

무릎에는 오래전 보았던
창백한 얼굴이 새겨지고

여름이 더위를 업고 마중 나온 시간

그늘이 보이면 잃어버린 아이를 찾듯
한참을 머문다

어디에도 속할 수 없는 숨이 숨이
여름이 여름이, 이마를 타고 흐른다

입김은 어디로 가는 것일까

여름의 시간은 오지 않았는데

나무 아래 시린 것들이 모여
추억하는 옅은 향기

쓸쓸해진 세상을
애도한다

승강기

창문으로 사람들을 본다, 문득
떨어지는 중 앗 아플까 긴 순간
하강하는 엘리베이터 문짝 날아가면
보이는 건 뭘까 몰라 너두, 나는
내려다보는 건 어려워서 내려가게 되지
한없이 활짝 창문 열어놓고
우주복 입고 저 밑으로 저 옆으로 저 위로
정거장을 찾고 쉴 틈 주지 않는 우주도
거리도 계속 걸어가면 길어지는 세상
둥둥 떠있다 바다가 멈춘다 땅은 땅은
쿵쾅쿵쾅 심장소리처럼 발자국 찍히고
구름이 찍힌다 파란 물감 쏟고 하얀 걸로
덧칠했던 기억, 내려가고 있다
수도꼭지에서 물방울 똑똑 내려오듯
나는 강물이 될 생각으로
내려가고 있다 하데스의 침묵으로
다스려지는 지하세계로
검디 검은 심해의 고독이
짙게 짙게 퍼져나가는 저녁
노을이 조용하게 타들어간다
내려가는 일은 기억을 관통하는 일

터널같은 마음을 통과하는 일
상수로 올라가고 싶어 내려가고 있는 강물
옥상에서 관을 타고 내려오는 시간
나는 봅슬레이 선수처럼 서서
버튼을 누른다, 자 다시 내려갑니다.

신수진 | 2023년 《시와사람》 등단.

임해원

꽃의 幻 외 1편

그를 만나러 꽃 속으로 걸어 들어갔다
뛰는 것만으로도 뜨거운 화로, 심장은
오래된 노래를 부르네
옛 노래들은 꽃들의 만신전으로 그를 데려 갔어
혼자서는 불길 다스릴 수 없어 무르팍을 파고드는 그에게
잘 익어 서럽디 서러운 술 한 잔 더 부어줄까
허공 층층
색의 무덤 사라진 듯 벗어놓은 몸, 고스란하다
허망한 그 빛 숭어리들은 꽃의 幻
부대낌 없이는 저를 보여주지 않는 바람도 幻
소멸이 평등이듯 幻도 나란하다

그는 꽃들이 잃어버린 집이었다네
그의 마음은 꽃들의 그림자였다네
엉클어진 덤불에 어둠 덮쳐올 때까지
다시는 못 볼, 올 봄의 꽃들이여
있고 없는 것, 들고 나는 것
다 꽃 속에 있더이다

고사리가 눈을 가린다

햇살 바퀴 굴려 숲으로 간다
한 줌 안기면 꾸욱 다물었던 가슴팍 열어
솜털 배시시 손 흔드는 바람의 一家들

발아래 고사리만 찾지 마
가는 길에도, 가야할 길에도
아, 그래 거기
道 닦는다고 처자식 버린 내 아버지 우뚝 서있네
깜짝 내려 보면 발 밟힌 그가 허리 꺾여 있어
아픈 무릎 대숲 같아 찬바람 무시로 드나들던
엄마에게 그는 가시걸음이었지
고사리 꺾어 오던 길 되돌아가면
괄호처럼 비어있던 아버지
꺾이지도, 꺾을 수도 없는 그 자리에
퀭, 설운 눈으로 마냥 서있어

사람과 사람 사이만큼의 고사리가 왜 내게는 보이지 않는가
마음 수그리면 눈이 떠지려나
글쎄
그런 내가 있기는 한가
잔솔밭 묵묵한 그늘, 몸을 일으킨다

임해원 | 2023년《시와사람》등단.

나금복

담쟁이의 비밀을 아시나요 외 1편

거미가 사는 토담을 마주하니
담쟁이가 허물을 덮고 있다

어린 봄 엮어 부풀어 오른 성장의 열기
여름을 맞이한 잎에 윤채 한가득이다

다시 덩굴손으로 가을을 돌려 해산하는 처녀
농후한 얼굴로 지나가는 발길까지 묶는다

담장을 타고 오르는 고풍스러운 운치에
무성한 겨울 소문을 덮는 사람들

덩굴 소식에
달빛은 은은한 침묵으로 쓰다듬고
햇살은 녹화되는 담장의 소리를 가둔다

토담길에 다시 손잡고 푸른 소리를 틔우는
어린 이파리들

화이트 로드

길이 숨었다
숨을 바닥에 눕혀 놓고 며칠째 가다듬는다

발걸음도 예를 차리는지 주춤거리며 속도를 재단한다
와이퍼로 1월의 마음을 닦으며
느림의 세상을 묵도하는 자동차

온 세상이 하얀 수평이다
동심도 수평이다

새벽부터 포클레인은 길을 찾느라
깊은 생각을 긁으며 눈을 퍼 올린다
따뜻한 믹스 커피 한 잔 건네는
내바람길의 온기는 입춘이다

누적되어 쌓인 온난화를 퍼올리듯
트럭에 한설 가득 담아 어디론가 향하는 사람들

도시마다 사각 수직들은 허공을 차지하며
시골의 푸른 들녘까지 거미줄을 뻗친다

지구도 숨을 돌리며 초록 숲길을 찾고 있는 걸까
다시 숨을 내미는 블랙 로드에
겨울 아침 피어난다

나금복 | 2023년 《시와사람》 등단.

오현진

깃털의 메커니즘 외 1편

쇠창살 사이로 날아든 비둘기는
비에 젖어있다
오늘은
비 소식에
젖어있을 수만 없다
사형수의 집행을 알리는 듯하는 저 눈빛
이제 가야 한다는 듯 포효하는 날갯짓
떠밀린 곳은
노인이 앉아있는 벤치 앞까지

비는 오지 않았다

아직 빠지지 않은 깃털처럼
가야 하는 만큼씩 떠다니던 깃털이
손바닥 위로 내려앉아
주먹 쥐고
살랑거리는 나

미루나무가 휘날리는 날에 서 있다

그녀는 투명하다

내가 있는 곳은
미광조차 멀리 있다

가고 있다
마당에 널린 고추가
고루고루 붉어지다가
그중에 썩은 것만 불타오르는 곳으로
바로
눈시울이 매워지는 그녀가 일하고
있는 곳으로

갈수록
썩은 것이 선명해진다

내가 있는 곳은
미동조차 멀리 있다

가고 있다
텃밭에 심긴 깻잎이
이리저리 흔들리다가
그중에 연한 것만 날아오르는 곳으로

바로
콧방울이 짙어지는 그녀가 일하고
있는 곳으로

갈수록
연한 것이 선명해진다

오현진 | 2023년 《시와사람》 등단.

한명희

날고 싶은 나비 외 1편

다친 날개가 밤낮없이 욱신거린다는 나비

바다 강 호수가 아득해졌다고 풀이 죽었다

답답한 둘레를 벗어나고 싶은지
밤마다 여행하는 꿈을 꾼다고

어떤 밤은 명옥헌 연못가 배롱나무 가지가 흔들리고

또 하루는 육모정 수련을 스치는 쪽배가 보이더라고

무섬마을 외나무다리를 단숨에 건너는
가슴까지 콩콩 뛰었던 그런 밤도 있었다고

긍정의 힘으로 기도의 손 모은 나비는
다시 아름다운 꿈을 꾸었고

비록 머문 곳에서 볼 수 있는 가시거리는 짧았지만

바람의 시집을 넘기며 시어들을 챙기기 시작했을 때
풀 꽃 나무의 은유를 가느다란 더듬이로 짚으니
햇살이 환하게 방 안까지 들었다

더 이상 외롭지 않게
나비의 잠은 아픈 날개를 긍정하게 되었다고

당귀꽃, 그 자리에 다시 피었다

상추쌈에 얹어 먹자고 심었던 당귀
입에서 쌉싸름했던 양보다
꽃으로 피었던 면적이 훨씬 넓었다

정원 가득 꽃구름 운이 감돌며
양떼 비늘 새털 뭉게구름이 몽실거린다

봄과 여름 사이의 꽃
청춘이 활짝 피던 나의 한 때와 같다

꼬투리마다 순백의 꽃잎 다보록이 피어
구름 위를 걷는 듯할 때

꽃잎마다 조그맣게 박힌 보석
연인들 눈동자처럼 반짝인다

꽃도 젊음도 피어서 예쁜 한때

다시, 그 자리에 구름꽃으로 피어
앞만 보고 달려온 날들이 버거웠다고
하소연을 내뱉는 내 앞에

그 자리, 당귀꽃이 피었다

한명희 | 2023년 《시와사람》 등단.

박형숙

| 동시 |

세상이 좁아요 외 1편

흰 옷 입은 새우
타다닥 타다닥 소리에
분홍 옷으로
갈아입기 시작해요

머리부터 발끝까지
옷 갈아입은 새우들
수런수런
세상이 좁다는
이야기 들려요

새우들은
타다닥 타다닥
소금이 튈 때 마다
허리가 굽어져요.

인공위성

표고버섯들
하룻밤 자고 나니
여기저기 인공위성 달았어

산새가 날아가다 숲 얘기 전하지만
산속이 답답해
세계 소식 듣고 싶었나봐.

박형숙 | 2021년《시와사람》동시로 등단/그림책『이름도 많구나, 명태』.

진금선

| 동시 |

쳇바퀴 외 1편

곤충 상자에 이삿짐 싣고
우리 집에 온 햄스터
톱밥 깔아주고 쳇바퀴 놓아둔다
새로운 집이 마음에 드는지
신나게 마구마구 달린다

동글동글 달리는 쳇바퀴에는
알밤이 떨어진 오솔길도
늠름한 키다리 나무도
푸르른 들판도 숨어있다

제자리를 달리는 햄스터는
매일 같은 곳을 다니는 내 모습
학교 학원 집
날마다 다니는 이 길이
나의 하루하루 쳇바퀴다

나의 쳇바퀴에는
선생님이 될 지훈이도
연예인이 될 하람이도
변호사가 될 나도 숨어있다

다 너 때문이야

엄청난 폭우
천둥번개로 인한
거대한 산불
다 너 때문이야

갑자기 쏟아지는 우박
쩍쩍 갈라지는 땅
다 너 때문이야

지구가 아파하는 건
온난화
다 너 때문이야

그런데
온난화를 만드는 나
다 나 때문이네

진금선 | 2022년 《시와사람》 동시로 등단.

이동식

| 수필 |

중석몰촉中石沒鏃의 정신으로

또 비가 온다고 합니다.

며칠 째 새까만 구름을 몰고 온 성난 하늘은 하늘에 구멍이 뚫렸다고 했던 어르신들의 말처럼 가뭄에 억울한 그동안의 원한을 풀어 버리는 듯 무섭게 장대비를 쏟아 놓았습니다.

잠시 비춰오는 햇빛에 고개를 들어 보면 곧 몰려오는 장마 구름은 우리 마음까지 촉촉하게 적셔 놓아 우울한 시간을 보내게 합니다.

꽤 자란 들판의 벼 논은 장마가 몰고 온 무섭게 불어오는 바람에 도리어 춤을 추듯 물결을 만들어 내며 며칠 새 많이 자란 자신의 모습을 뽐내듯 자랑하며 보여주고 있습니다.

우리 일상에 집중력은 우리의 능력을 초월하는 결과를 가져 옵니다.

이광 이라는 한나라 때 유명한 장군이 있습니다.

어느 날 사냥을 나갔다 돌아오는 길에 길을 잃어 깊은 숲 속에 방황하는데 거기에 그는 자신을 노려보고 있는 호랑이를 만났습니다. 그는 정신을 집중하여 활시위를 당겼습니다. 그런데 그 호랑이는 꿈쩍도 않고 그대로 있었습니다. 그래서 조심해서 그 호랑이에게 가까이 다가서 보니 그것은 호랑이가 아니라 바위였습니다.

그런데 놀랍게도 그 바위에 자신이 쏜 화살이 박혀있는 것이었습니다. 그래서 나중에 몇 번이나 힘써 화살을 그 위에 쏘았지만 화살은 바위에 박히지 않았습니다. 이 일로서 중석몰촉(中石沒鏃)이란 사자성어가 탄생한 것입니다. 집중하면 바위에도 화살이 박힌다는 것입니다.

장마 속에서도 가을의 열매를 준비하는 벼논처럼 우리는 우리 일에 더욱 집중력을 유지하여야 합니다. 요즘 모든 일에 집중하기 힘든 시대를 살아갑니다. 이런 저런 이유와 핑계가 우리의 정신을 흩어 놓습니다.

오늘 나에게 다가온 소중한 기회와 사명을 붙들고 정신을 차려야겠습니다. 초등학교 시절 아침이 되면 담임선생님은 무거운 출석부를 들고 교실로 들어옵니다. 그리고 그 학생 한 명 한 명 이름을 부릅니다. 내 차례가 오기 전부터 바짝 긴장하며 준비 하다가 겨우 한 글자 "네"라는 대답을 하던 때처럼 그 한 글자를 위해 기다리고 긴장하고 최선을 다한 모습으로 흘러가는 세월에 대답을 던지고 싶습니다.

온 대지의 식물들이 자기를 불러 달라는 듯 무럭무럭 자라서 바라보는 것 같습니다. 고개를 돌려"너 참 곱게 피었다""너 참 많이 컸구나"라며 눈빛을 보내 봅니다. 어떤 나무는 쑥쑥 자라서 집을 짓는 기둥이나 서까래로 사용합니다. 그러나 대들보는 모진 비

바람과 옹이가 난 나무를 사용 하는 법입니다. 왜냐하면 단단하게 자랐기 때문입니다. 우리 인생도 비록 옹이가 많고 시련이 있어도 나를 대들보로 쓰시려 준비 한다고 생각하고 힘을 내야 합니다,

사실 사회적으로 훌륭한 인격을 소유한 자는 대부분 인생의 우여곡절을 겪은 사람들입니다. 거대한 파도가 몰려와도 해안의 모래사장은 파도를 잠재워 돌려보냅니다. 그 모래사장의 모래는 커다란 암석에서 깨져 나왔습니다. 그러면서 깨지고 또 깨지면서 아픔을 경험하고 부서지고 부서져서 무너져 내리지만 결국 빛나는 모래알을 만들어 냈습니다, 그리고 그 모래알은 거대한 바위로 만들 수 없는 콘크리트가 되어 높은 건물을 만들고 아파트을 세웁니다. 또한 반도체의 중요한 재료가 이 모래알에서 나오고 유리 재료도 만들어 지는 것입니다. 모래 시계의 모래알처럼 자꾸만 아래로 흘러가는 세월 속에 다시 돌려 높은 자리로 사람들은 세워 새롭게 출발 합니다.

기나긴 장마 속에 도리어 짙게 자란 벼 논 속에서 깨지고 부셔져서 낙심하고 절망하기보다 바위에 화살이 박는 집중력으로 풍요로운 가을을 준비해 보아야 할 것입니다.

이동식 | 2021년《시와사람》수필 등단/에세이집『하늘 정원으로 통하는 창문』,『햇살 머무는 사랑의 뜨락에서』,『꽃비 내리는 창가에 서서』외.

박미경

| 수필 |

졸업식 눈물의 의미

한해가 마무리될 즈음이면 각 학교마다 졸업식을 여느라 분주하다. 겨울방학을 마치고 새학기가 시작할 즈음에 열리던 졸업식이 언제부터인가 연말에 열리고 있다. 초 · 중 · 고등학교의 경우 학사일정이 3월부터 다음해 2월까지라 학생들은 졸업식은 했지만 졸업은 하지 않는 상태가 된다.

졸업식 때는 으레 울었다. 초등학교(내가 다닐 당시엔 국민학교)를, 중학교를, 고등학교를 졸업하면서 엄청 많이 울었었다. 정들었던 선생님, 친구들과의 헤어짐이 싫어서, 정든 학교를 뒤로 하는 것이 싫어서, 새로운 학교에서의 새로운 생활에 대한 두려움과 헤어짐의 아쉬움들이 뒤섞여 그렇게 울었던 것 같다. 오십줄에 접어든 나는 학교를 다니며 만났던 수많은 담임선생님들과 교과 선생님들의 대부분을 기억하지 못한다. 몇몇을 제외하고는 이름과 얼굴도 가물가물하다. 하지만 그때는 무에 그리 아쉽고 서러웠던지 눈물을 쏟아냈었다.

그 눈물 속에는 친구들과 헤어진다는 아쉬움도 컸다. 대도시에서 학창시절을 보내다보니 졸업을 하면 여기저기 학교로 친구들이 흩어졌다. 한반에 60여명, 한 학년에 10여 학급이나 되다보니 친하게 지내던 친구와 같은 학교로 진학하는 일도 힘들었다. 졸업식 즈음에 가장 많이 한 약속이 "우리 멀리 떨어져도 자주자주 연락하고 만나자"였던 것 같다. 얼마 동안은 "잘 지내니? 보고싶다" 어쩌구저쩌구하며 열심히 연락을 주고받았던 것 같다. 하지만 언제부터인가 연락이 뜸해지면서 졸업식 즈음의 약속은 그저 헤어짐을 앞두고 나누는 의례적인 인사말로 전락하곤 했다. 어쩌면 서로 연락을 주고받을 수 있는 방법이 집전화나 공중전화 등 유선전화 밖에 없었기 때문일지도 모르겠다.

그런데도 눈물이 많이 났었다. 초등학교 때는 첫 졸업식이라 그렇다고해도 중학교 이후부터는 졸업 후 연락도 뜸한 그렇고 그런 친구사이가 되고, 선생님과도 특별히 연락을 주고 받지 않으리라는 것을 알면서도 헤어지는 아쉬움에 눈물을 쏟았다. 후배들의 송사와 졸업생 대표의 답사를 들으며 졸업식 내내 눈물 콧물을 쏟아내고, 선생님들을 붙들고 "언제 어디서든 영원히 기억하겠다"며 퉁퉁부은 얼굴로 기념사진을 찍을 때면 선생님들도 같이 눈물지으며 어깨를 어루만져 주셨었다. 그 손길을 통해 정성껏 가르쳤던 제자들을 떠나보내며 제자들이 상급학교에서 잘 적응하고 착하게 바르게 잘 자라기를 바라는 선생님의 마음이 온전히 전해졌다.

하지만 요즘 들어 졸업식장에서 흘리는 선생님들의 눈물은 사랑하는 제자들을 떠나보내는 아쉬움 때문이 아니라 "올 한해도 무사히 견뎌냈다"는 안도의 눈물이 아닐까하는 생각이 든다. 학교보다는 학원에서의 배움이 더 중요하고, 학교선생님의 말보다는 학원선생님의 말을 더 잘 듣는다는 요즘 아이들 때문에 힘들다는 선생님들. 훈계하는 선생님에게 쌍욕으로 맞서고, 꿀밤이라도 한 대 때릴라치면 아동학대로 신고당할 각오를 해야 한다는 요즘 선생님들이다. 아이들에 대한 훈계와 꿀밤 정도의 체벌마저도 아동학대라며 선생님들을 고소하겠다고 맞서는 학부모들이 있어 힘들단다. 그들에게 졸업식에서의 눈물은 어쩌면 그런 상황 속에서 "올해도 잘 버텨냈다"는 안도의 눈물인 동시에 "또 다른 한해를 어떻게 버텨낼까"하는 두려움과 "더이상은 못 버틸 것 같다"는 절망과 서러움이 아닐까 하는 생각이 드는 것은 나 뿐일까? 세상의 모든 선생님들이 선생님들을 응원하고 믿음과 지지를 보내는 학부모들도 많다는 사실을 기억하며 아이들에게 상처받지 않고, 받은 상처는 잘 이겨내면서 '선생님'이라는 자부심을 갖고 아이들과 오래오래 함께했으면 좋겠다. 아이들에게, 학부모들에게 받은 상처로 스스로 생을 마감하는 일이 더 이상 없었으면 좋겠다.

박미경 | 2021년《시와사람》수필로 등단.

시와사람시학회 회원 동정

2004. 시와사람시학회 동인지 시목 1호 『소리로 길을 놓다』 발간
(전임 회장 이인범 / 금별뫼 시인)

2009 이사동 회장 취임 (기본 회칙 제정)

2011 오대교 회장 취임

2016. 12. 김연안 회장 취임 (정관 제정)

2017. 5. 김효비아 회원 『상상임신하는 여자』 출간 / 출판기념회 및 시낭송회 (비움 박물관)
7 강대선 회원 시집 『구름의 공터에 별들이 산다』 발간
8. 류재만 회원 제4회 전국계간문예지 우수작품상 수상
11 강대선 회원 소설 〈바다의 옆줄〉로 해양 문학상 수상
김효비아 회원 영산강문화재 문예공모 최우수상 수상
김효비아 회원 아시아서석문학 작품상
조대현 회원 함평전국 국화축제 시 부문 우수상 수상
류재만 회원 시집 『여기 울릉도, 오징어』 발간
12. 이승희 회원 시집 『여름이 나에게 시킨 일』 발간
시와사람시학회 동인지 시목 2호 『산벚꽃이 질 때』 발간 및 출판기념회
서승현 회장 취임

2018. 1. 이선미 회원 에세이집 『향기로운 고통』 발간
4. 허문정 회원 시집 『어린 애인』 발간
6. 강대선 회원 제22회 부산 해양문학상 수상
8. 서승현 회원 제5회 전국계간문예지 우수작품상 수상
9. 전숙 시인 『꽃잎의 흉터』 : 일본 종군 위안부들을 위한 헌정 음악회
- 나주문예회관

9. 변재섭 회원 시집『사랑에도 안개 자욱한 날이 있다』발간
10. 정윤천 시인 제13회 지리산문학상 수상
11. 강대선 회원 제 5회 가사문학상 수상
고경자 회원 시집『고독한 뒷걸음』발간
박판석 회원 시집『소년 오두산』발간
조대현 회원 시집『머나먼 곳에 소금산이 있다』발간
12. 이선미 회원 시집『지독한 사랑』발간
정선우 회원 시집『모두의 모과들』발간
시와사람시학회 제 3호 동인지『별을 따라 나섰다』발간 및 출판기념회
2019. 5 이선미 회원 동화집『아버지의 그림자』,『바보소년 바위의 모험』발간
6. 김청수 회원 시집『바람과 달과 고분들』발간 대구의 작가상 수상
8. 김은아 회원 제6회 전국계간문예지 우수작품상 수상
7. 변재섭 회원 시집『강물의 자궁』발간
10. 이선미 회원 청소년소설집『풍금소리』발간
10. 이사동 회원 시집『물렁한 통증』발간
12. 김은아 회원 시집『흰 바람벽』발간
12. 조세핀 회원 시집『고양이를 꺼내줘』발간
12. 서승현 회원 시집『분홍, 서러운 빨강』발간
시와사람시학회 제 4호 동인지『눈물이 이해되는 저녁에는 따뜻한 국물이 생각난다』발간 및 출판기념회
2020. 강대선 회원 시집『메타자본세콰이어 신전』발간
3. 김민휴 회원 시집『을乙의 소심함에 대한 옹호』발간
6. 예외석 회원 전자책『달빛 속의 시』발간
8. 손수진 회원 제7회 전국계간문예지 우수작품상 수상
9. 김은우 회원 시집『귀는 눈을 감았다』발간
10. 손수진 회원 시집『너는 꽃으로 피어라 나는 잎으로 피리니』발간
김효비야 회원 제12회 전국시낭송대회 대상 수상
10. 박덕희 회원 동시집『호랑이는 풀을 안 좋아해』발간
(한국출판문화산업진흥원 출판지원금 수혜, 아르코문학나눔 도서 선정)
11. 강대선 회원 김우종문학상, 직지소설문학상 대상 수상
손수진 회원 전남시문학상 수상
12. 장진영 회원 시집『길가다 흘린 흰소리』발간

시와사람시학회 제 5호 동인지 『저녁, 그 따뜻한 혀』 발간 및 출판기념회
2021. 1. 이경은 회원 시집 『둥근 초록을 쓰다』 발간
8. 김청수 회원 제8회 전국계간문예지 우수작품상 수상
9. 김병준 회원 시집 『거울을 보는 남자』 발간
6. 이동식 회원 수필집 『햇살이 머무는 사랑의 뜨락에서』 발간
9. 가은 회원 시집 『봄, 바람에 기울다』 발간
12. 전숙 회원 시집 『저녁, 그 따뜻한 혀』 발간(광주문화재단 지원금 수혜)
12. 천화선 회원 시집 『저녁의 가방』 발간
12. 한봉준 회원 시집 『가시의 속살』 발간
12. 강대선 회원 송순문학상 우수상 수상
시와사람시학회 동인지 시목 6호 『조금만 더 가까웠더라면』 발간 및 출판기념회
전숙 회장 취임
2022. 1. 강대선 회원 시집 『가슴에서 핏빛꽃이』(문학나눔도서 선정), 장편소설 『퍼즐』, 수필집 『해마가 몰려오는 시간』(2022 문학나눔 선정) 발간
3. 시와사람 신인상 수상자 : 부현철(시), 손은주(시), 진금선(동시), 박미경(수필)
6. 시와사람 신인상 수상자 : 정애경(시), 하헌주(시)
6. 고경자 회원 아르코창작기금 발표 지원 선정(「포기를 세다」 외 6편)
8. 박판석 회원 제9회 전국계간문예지 우수작품상 수상
8. 손은주 회원 시집 『애인을 공짜로 버리는 법』(2022 문학나눔 선정) 발간
9. 전숙 시인 시민과 함께하는 목요시낭송회
9. 시와사람 신인상 수상자 : 홍기선(시), 정옥남(시)
9. 김병준 회원 에세이집 『저편, 저 너머』 발간
9. 박판석 회원 시집 『우울한 새 한 마리 날아왔다』 발간(광주문화재단 지원금 수혜)
9. 금별뫼 회원 시집 『묻고 싶은 아침이 있다』 발간
9. 강경호 발행인 한국문인협회 월간문학상(평론부문) 수상
10. 강나루 회원 시집 『감자가 눈을 뜰 때』(광주문화재단 지원금 수혜), 동시집 『백화점에 여우가 나타났어요』, 에세이집 『낮은 대문이 내게 건네는 말』, 연구서 『휴머니즘과 자연의 수사학』 발간 및 출판기념회
10. 강경호 발행인 평론집 『미술의 상상력을 통한 시적 발화』 한국문화예술위

원회 아르코창작기금 선정

10. 전숙 회원 아시아문학 페스티벌 아시아문학의 밤 「아버지의 손」 시낭송

11. 정옥남 회원 시집 『바다가 하는 말』 발간

12. 조세핀 회원 웹시집 『새벽뉴스』(스토리코스모스)

12. 김청수 제8회 경북작품상 수상

12. 손은주 제1회 텃밭문학상 수상

12. 변재섭 장성문학상 수상

12. 홍영숙 회원 시집 『조각보를 깁다』 발간

12. 백혜옥 회원 시집 『자작나무 숲에 들다』 발간

12. 시학회 시학상 제정(제1회) 3명 수상-김은우, 서승현, 정선우

2023. 1. 강경호 발행인 한국문인협회 평론분과회장 당선

3 이선미 회원 디카시집 『다시 봄을 기다리며』 발간

3 임해원 회원 시집 『생각이 많은 것들은 고요가 깊다』 발간

6 이선미 회원 시집 『측백나무 숲길을 걷다』(제주시편) 발간

6. 김성룡 회원 시집 『숲은 레시피가 다르다』 발간

6. 이동식 회원 시산문집 『꽃비 내리는 창가에 서서』 발간

6. 정선우 회원 2023년 한국문화예술위원회 아르코문학창작기금 발표지원 선정(「주크박스」 외 6편)

6. 박덕희 회원 아르코창작기금 발표 지원 선정(동시 「경칩」 외 6편)

6. 고경자 회원 아르코창작기금 발표 지원 선정(「달의 피라미드」 외 6편)

7. 김청수 회원 시집 『귀를 씻다』 발간

8. 강경호 발행인 미술평론집 『박덕은의 문학적 상상력과 추상미술세계』 발간

9. 박형숙 시인 동시집 『동시 한 접시 드실래요』 발간 및 출판기념회

시와사람시학회 회원 주소록

이름	주소
강경호	광주광역시 동구 양림로119번길 21-1 (2층) 시와사람
정윤천	전남 화순군 도곡면 지강로455 〈첫눈〉 (원화리 282-2)
이승희	서울특별시 은평구 연서로18가길 14-6(대조동)
가 은	광주광역시 남구 봉선로 96-14 203동 310호(무등파크2차아파트)
강나루	광주광역시 동구 양림로119번길 21-1 (2층) 시와사람
강대선	전남 나주시 금천면 천석길 35 109동 702호 빛가람 코오롱하늘채
고경자	광주시 서구 상무대로 1147번길 16, 107동 403호(농성동 sk뷰센트럴)
고영천	전남 장흥군 장흥읍 내평길 25-14
금별뫼	광주시 북구 저불로 80 현대아파트 301-1003
김귀례	광주광역시 남구 봉선로 175번길 6 삼익아파트 201동 1204호
김민휴	광주시 서구 하남대로 710번길 20, 507동 801호(동천동, 우미린)
김병준	부산시 북구 금곡대로 166 롯데캐슬카이저 203동 1101호
김선기	광주광역시 북구 서양로 30 신아모아타운 1동 407호
김성룡	광주시 광산구 월곡동 월곡산정로 96-21 한성아파트 205동 602호
김연안	대전시 유성구 반석서로 109, 반석마을 705동 206호
김연화	경상북도 구미시 고아읍 선산대로 1220, 101동 1209호 (고아에덴타운)
김영진	광주광역시 남구 제석로104. 102동 501호(봉선동, HR아펠리스)
김옥경	대구시 달구벌대로 414길 33, 대득빌딩(4층)
김은아	광주시 광산구 사암로 69번길 18-12, (소촌동) 대명냉동설비
김은우	전남 광양시 광영로 141, 101동 1103호(광영동 현대아파트)
김재영	전라남도 목포시 양을로41번길 40, 4동 1504호 (산정동, 중앙하이츠아파트)
김청수	경상북도 고령군 성산면 성암로 137
김효비야	광주시 서구 마륵복개로 140, 103동 404호 (치평동, 상무SK아파트)
김효숙	경남 진주시 내동로 348번길 10, 109동 603호(가좌동 가좌그린빌 주공아파트)
나금복	전남 함평군 함평읍 교광길 13-8 주공@ 102-702
류인서	대구시 수성구 무학로 189(지산동 녹원아파트) 109동 706호
류재만	강원도 동해시 수원지2길 12-13, 7동 603호 (발한동, 경민아파트)

박덕희	경북 칠곡군 왜관읍 달오2길 37. 태왕아너스 105동 1102호
박미경	전남 화순군 화순읍 광덕로 156 청전아파트 104동 904호
박정선	대전광역시 서구 청사로 281 샘머리 아파트 205동 304호
박판석	광주시 북구 설죽로 279번길 19, (용봉동 금호어울림아파트) 101동 1301호
박형숙	광주 북구 서암대로 199, 중흥동모아타운 105-104
백혜옥	대전시 대덕구 대전로 1020번길 85 104동 201호
변재섭	전남 장성군 장성읍 잠암길 93
부현철	제주시 화삼북로 90, 705동 301호(삼화부영7차)
서 담	대구시 북구 동화천로59길 32. 휴안 501호
서승현	광주시 동구 의재로 123, 무등파크 3차 301동 601호
설정환	광주시 서구 풍암신흥로18, 108동 802호(풍암동, 광명메이루즈)
손수진	전남 무안군 무안읍 상사지길 10
손은주	대구광역시 수성구 용학로 272 태성아파트 106동 203호
신수진	충북 청주시 상당구 월운로 146(LH동남지구행복주택) 504동 308호
엄란숙	전남 순천시 연향2로 55 대우아파트 104동 801호
예박시원	경상남도 진주시 대신로475번길 16-5, 103-1003호 (초전동, 청구아파트)
오대교	광주시 동구 밤실로 100, 101동 1503호 (산수동, 무등산 광신프로그레스)
오선덕	광주시 서구 풍암신흥로 62번길 3-28, 태강빌라 401호
윤명희	전남 장흥군 안양면 수문전원길 30-39
윤지원	전남 여수시 화정면 아랫꽃섬2길 2-5
이국환	전남 화순군 도곡면 지강로455 〈첫눈〉
이경은	광주시 동구 증심천로89번길 16, 102동 806호(학동 현대아파트)
이동식	전남 무안군 무안읍 무안로 490번지 〈무안읍교회〉
이사동	광주시 북구 삼정로 108, 105동 902호 (두암동 현대아파트)
이상범	광주광역시 광산구 풍영로145번길 18, 305동 902호 (흑석동, 수완중흥에스클래스3단지)
이선미	광주시 서구 죽봉대로120번길 12(광천동)
이숙현	광주시 광산구 평동로1101번길 40 송정역 모아엘가 아파트 103-202
이승희	서울시 은평구 연서로18가길 14-6
이종원	인천시 부평구 부일로 69, 102동 201호 (부개역 푸르지오)

이지담	광주광역시 남구 월산로 118 우방아이유쉘아파트 101동 201호
임영자	광주시 북구 용주로 40번길 71-1
임인택	광주시 광산구 임방울대로142-12, 108-1105(운남동, 삼성아파트)
임해원	광주시 서구 염화로 57번길 4. 모아타워 102동 504호
장병진	광주시 남구 독립로54번길 29, 현대아파트 104동 904호
장진영	전북 무주군 적상면 서창로 94 (적상산 황토 펜션)
전 숙	광주시 동구 의재로 23-8, 101-720(학동 아남아파트)
정선우	부산시 사상구 백양대로 372-15 106동 1101호(주례 한일유앤아이아파트)
정애경	전남 광양시 마장1길 4, 태완노블리안 101동 701호
정영숙	전남 목포시 남악2로 22번길 15, 107동 701호 (옥암동, 우미파렌하이트)
정옥남	광주시 남구 제중로 11. 105동 305호(양림동, 휴먼시아아파트)
정운영	강원도 동해시 감추7길 22-11, 103동 802호 (천곡동, 롯데아파트)
정형기	서울특별시 강서구 등촌로51길 128, 406호 (등촌동, 두보아파트)
정혜옥	광주광역시 서구 내방로 52. 현대아파트 103동 904호
조경환	광주시 남구 대남대로 159번길 31, 103동 606호(봉선동, 라인하이츠APT)
조대현	광주시 남구 서문대로 701번길 21, 202-909(진월동, 한신아파트)
조세핀	광주시 광산구 첨단중앙로 181번길 21, 103동 502호 (월계동, 첨단쌍용아파트)
주선균	인천시 남동구 에코중앙로 96(논현동) 한화에코메트로아파트)904동 1901호
진금선	경북 고령군 대가야읍 왕릉로 104
차행득	광주시 광산구 목련로21번길 20, 112동 1101호(산정동 중흥에스클래스)
천화선	광주시 동구 남문로 550 아이조움아파트 101-1410
최은수	전남 광양시 가야로 371, 광명그린파크 110-206
하현주	경남 밀양시 중앙로 38 대송파크 804호
한봉준	광주광역시 북구 서하로 455번길 12-7
허문정	전남 장성군 동화면 본동로 775-8
홍기선	광주시 남구 노대실로89, 송화마을 휴먼시아 710동 1101호
홍성남	서울 동대문구 전농로 16길 51, 108-204 (아름숲아파트)
홍영숙	광주시 서구 화운로 24번길 305-402(유니버시아드 힐스테이트 3단지)

2023. 시와사람시학회 동인지 시목 제8집
달에게로 간 타이어

2023년 10월 10일 인쇄
2023년 10월 20일 발행

지은이 | 시와사람시학회
펴낸이 | 강 경 호
기획 · 인쇄 | (주)시와사람
등 록 | 1994년 6월 10일 제 05-01-0155호
주 소 | 광주시 동구 양림로119번길 21-1(학동)
전 화 | (062)224-5319
팩 스 | (062)225-5319
E-mail | jcapoet@hanmail.net

ISBN 978-89-5665-691-5 03810

값 15,000원

공급처 ■ 한국출판협동조합
경기도 파주시 적성면 가월리 1859-9 한국출판협동조합 적성물류센터
주문전화 (02)716-5616, 070-7119-1740